Innehållsförteckning

Förord   6

Inledning   7

KAPITEL 1

En illusion vi tror på   10

Verkligheten – inte som den verkar vara 10

Vi är patienter som måste lagas 11

Diagnosen som en snuttefilt 13

Insikten som förändrade utsikten 14

När sanningen inte längre stämmer 15

Mina insikter: 17

KAPITEL 2

När själen medicineras   18

Kropp & själ behandlas på samma sätt 18

"Vi gör som vi alltid har gjort" 19

Känslor kommer med livet 22

Medicinen ökar psykisk ohälsa 23

KAPITEL 3

ADHD – ibland, ibland inte   26

ADHD – finns det verkligen? 26

Vi drogar barn 28

ADHD är en tanke – inget annat 30

Du är aldrig sönder 31

KAPITEL 4

Skuld – såret inombords   **32**

Skuld – en osynlig tyngd 32

Skuld – verkar rätt när det pekar fel 33

Jag plågar mig själv så slipper andra göra det 33

Skuld är en tillfällig känsla 35

När skulden håller oss fast istället för att leda oss framåt.... 38

KAPITEL 5

Skam – känslan som gömmer sig   **40**

Skuld & skam går hand i hand 40

Skammen som vägvisare 41

Skam – för lidandets skull 42

Skammen – ett skydd med taggar på insidan 43

Vem vore du utan skammen? 45

KAPITEL 6

Vad händer när vi ifrågasätter?   **48**

Frågan vi sällan ställer 48

Systemet som matar ohälsan utan att veta 49

Vi litar ofta på samhällsstrukturen 51

Våga se illusionen i vitögat 52

Du är livskraften – inte tankarna 54

KAPITEL 7

Att känna utan att drunkna   56

Våga känna känslor 56

Om känslor bara fick lov att vara 57

Vi är starkare än tanken 59

Våga släppa kontrollen 60

Känslor är utom din kontroll 61

KAPITEL 8

Inifrån och ut – den avgörande skillnaden   64

Det vi har missförstått 64

Det man inte vet har man inte ont av 67

Du kan inte uppleva det du inte tänker 69

KAPITEL 9

Vem skulle du vara utan dina tankar?   72

Bortom tankarna 72

Det traditionella synsättet 73

Tankarna skymmer sikten 73

Bortom det tänkta är du fri 75

KAPITEL 10

Ett liv i nuet   **78**

Enkelt men inte lätt 78

Jakten på nuet – en ständig prestation 79

Närvaro kommer naturligt 79

Du är alltid där du är 81

Från mitt hjärta 82

Slutord   **83**

Tack   **84**

Författare: Joakim Rasmussen

Omslag & illustration: Joakim Rasmussen

Förlag: BoD · Books on Demand, Östermalmstorg 1,
114 42 Stockholm, Sverige, bod@bod.se

Tryck: Libri Plureos GmbH, Friedensallee 273, 22763 Hamburg,
Tyskland
ISBN: 978-91-8097-155-3

FÖRORD

Välkommen till den här boken. Innan du börjar vill jag säga en sak som kan göra hela skillnaden: Försök att lägga allt du redan tror och vet om psykisk ohälsa åt sidan medan du läser. Det betyder inte att du måste glömma allt du lärt dig eller gå emot din egen erfarenhet. Det betyder bara att ge dig själv chansen att se något nytt – som om du aldrig tidigare hört något om psykisk ohälsa, diagnoser eller hur vi människor fungerar.

Anledningen? Det vi redan vet kan ibland stå i vägen för att vi faktiskt ska se något nytt. Om vi bara checkar av det vi redan tror oss veta, kommer vi inte att upptäcka något mer. Därmed kommer vi bara säga "Men detta visste jag ju redan". Men om vi läser med öppet sinne, utan att försöka bekräfta gamla sanningar, kan något förändras på riktigt.

Det här är inte en bok med instruktioner eller en manual med steg du ska följa. Den vill inte säga åt dig vad du ska tänka, tycka eller tro. Det enda syftet är att peka mot något som redan finns inom dig – något du kanske bara inte har sett helt tydligt än.

Så ta ett djupt andetag. Läs långsamt. Och låt dig själv bli överraskad.

Med värme,

Joakim Rasmussen.

Inledning

Anledningen till att jag skriver den här boken är enkel – och ändå så stor: Jag vill få ett slut på lidandet i världen. Jag vet att det är en oerhört ambitiös önskan, kanske till och med orealistisk. Men det är mitt hopp. Det är mitt hjärta.

Jag skriver den här boken för att dela med mig av mina egna erfarenheter. Jag vill att du som läser ska se den styrka du redan är född med. Jag vill att du ska minnas vem du är – bortom all kamp, bortom alla diagnoser, bortom allt du tror att du måste vara. För vi skapar så ofta problem utanför oss själva. Problem som förstör för andra, som sårar, som dödar, som skapar sorg och lidande. Därför skriver jag.

Jag skriver för att jag älskar livet. Jag älskar människor. Jag älskar att skratta, att gråta och att känna mig levande. Jag tror på att sann lycka är något vi delar med varandra. Därför vill jag skriva den här boken.

Jag skriver också för dig som kanske står på kanten och funderar på att ge upp. För dig som letar på alla tänkbara platser efter svar – men ännu inte hittat hem. För dig som tror att du vet vem du är, men som samtidigt känner att det där "jaget" krymper mig och håller mig tillbaka.

Jag skriver för att vi behöver få stopp på det lidande som pågår i världen – brotten i samhället, självmord, våldet i hemmen, och kanske allra mest: Det tysta våldet vi riktar mot oss själva inombords som faktiskt ofta leder till just allt det andra utanför.

Jag skriver den här boken för att peka på värdet av att älska sig själv. För när du börjar där – på riktigt – förändras allt. Då börjar du också älska andra, naturligt och utan ansträngning.

Det här är mitt bidrag. Mitt hjärta på papper. Jag hoppas du vill
följa med.

KAPITEL 1

En illusion vi tror på

"When I blieve my thoughts, I suffer. When I don't believe them, I don't suffer. And that is true for every human being."

– Byron Katie

Verkligheten – inte som den verkar vara

I dagens samhälle använder vi ord som ångest, depression, stress, ADHD och personlighetsstörningar för att förklara vilka vi är – så att vi kan anpassa oss till världen där ute. Utöver detta får vi ibland medicin mot dessa "sjukdomar" och "diagnoser" när det blir riktigt jobbigt. Som om dessa diagnoser vore ett faktum: Det ligger i dina gener, din uppväxt och din hjärna. Punkt.

Men tänk om det inte är så.

Jag får inte ihop det. Om barndomen verkligen gör att jag mår dåligt idag – hur kommer det sig att jag ändå kan skratta ibland? Om jag har ADHD – hur kommer det sig att jag ibland kan vara lugn och stabil? Om vi är något, och det är sant, då borde väl inte sanningen flytta på sig dag för dag, timme för timme, stund för stund? Sanningen kan inte vara sann ibland.

Dagens psykologi säger att vi ska ändra vårt tänkande. För det är ju faktiskt tankarna som skapar vår upplevelse i stunden. Men min fråga är: Varför mår jag dåligt ibland? Om jag nu kan styra vad jag tänker – varför skulle jag någonsin välja en tanke av oro, ångest eller depression, istället för en tanke fylld med lycka, kärlek, välmående och harmoni? Det låter ju helt korkat i mina öron. Jag skulle ju aldrig behöva styra mitt tänkande om jag bara kunde välja att må bra hela tiden.

Problemet är att det inte håller. Om jag på riktigt kunde styra vad jag tänker, då skulle jag också kunna styra vad jag tycker om eller inte. Jag skulle kunna styra om jag blir skrämd eller inte. Jag skulle kunna styra vem jag blir kär i. Nej. Det håller inte.

Jag skriver inte det här för att förminska lidande. Jag vet hur smärtsamt livet kan kännas. Jag skriver det här för att öppna en dörr. För att visa att det finns ett helt annat sätt att förstå det vi kallar psykisk ohälsa. Och när du ser det – på riktigt – förändras allt.

Det här kapitlet börjar där de flesta av oss är: Fast i bilden av psykisk ohälsa som en hård verklighet. Men min inbjudan till dig är enkel: Våga ifrågasätta. För du kanske ser något du aldrig sett förut.

Vi är patienter som måste lagas

När vi pratar om psykisk ohälsa idag så handlar det nästan alltid om att något är fel med oss. Vi får höra att det beror på kemiska obalanser i hjärnan, på ärftliga faktorer, på vår barndom, eller på yttre omständigheter som stress och trauma. Diagnoser ges utifrån listor av symtom – checka av tillräckligt många, och du har din diagnos.

Vi blir lärda att psykisk ohälsa är något vi har, något som sitter fast i oss, och att det kräver behandling för att vi ska kunna hantera livet. Mediciner, samtalsterapi, beteendeförändringar – allt handlar om att rätta till något som är trasigt. Det här synsättet är så djupt rotat att vi knappt ifrågasätter det längre. Det är normen. Det är så vi fungerar, säger man.

Vi får också höra att vissa diagnoser är för livet. Har du fått en stämpel som ADHD, bipolär eller personlighetsstörning, ja då är det en del av din identitet nu. "Sån är jag." Det låter som en förklaring, men i själva verket blir det en begränsning. Diagnosen säger inte bara vad du har – den säger också vem du är.

Men det stannar inte där. När du väl fått din diagnos börjar du tolka ditt liv genom den linsen. Du försöker förklara de stunder när du känner dig nere med att det är din diagnos eller att "sån är jag", som om det vore något permanent. Problemet blir ofta större eftersom du börjar dra slutsatser kring ditt eget beteende – och det kan kännas som att du "upptäcker" nya saker om dig själv som passar in i diagnosen.

Kanske börjar du skapa ritualer eller tvångsbeteenden som först verkar hjälpa – men som till slut blir något du måste göra för att allt ska kännas normalt. Och när du går tillbaka till läkaren nästa gång, hör du kanske: "Det verkar som om vi missat något här... du har nog inte bara ADHD, utan även andra personlighetsstörningar som börjar komma fram."

Ju mer vi letar efter psykisk ohälsa, desto mer problem verkar där finnas. Det tar aldrig slut, för varje svar leder till nya frågor – och plötsligt sitter du fast i en ond cirkel. Allt började med en tanke. Och nu är karusellen igång.

Samhället är byggt kring den här bilden. Psykiatrin, skolan, arbetslivet – överallt genomsyras vi av idén om att psykisk ohälsa är något påtagligt och mätbart, något som kräver expertis för att behandlas. Ju mer problem som uppstår "ju mer komplext är problemet" – det är så det brukar låta. Vi matas med siffror om hur många som mår dåligt och hur viktigt det är att "ta psykisk ohälsa på allvar." Visst ska vi ta lidande på allvar – men frågan är: Har vi verkligen förstått vad lidandet egentligen handlar om?

Det traditionella synsättet ser oss som patienter. Som människor som har gått sönder och måste lagas. Det låter logiskt på ytan, men jag började upptäcka att något inte riktigt stämmer.

Diagnosen som en snuttefilt

Jag har själv varit fast i den här världen av diagnoser, tabletter och förklaringar. Jag sökte efter svar, precis som så många andra gör. Varför mår jag så här? Vad är det för fel på mig? Jag gick in i systemet med hoppet om att äntligen få förstå, få rätt hjälp, bli fri. Jag fick höra samma saker som alla andra: Att det handlade om min barndom, om trauma, om något som gått snett i min hjärna. Och såklart – att det fanns behandlingar som kunde hjälpa mig att hantera det.

Till en början kändes det som en lättnad. Det var nästan skönt att ha något att hålla i – en diagnos som "förklarade" varför jag mådde som jag gjorde. Men den känslan höll inte i sig. Ganska snabbt började jag märka att det fanns ett pris att betala för den där förklaringen. För när du väl fått din stämpel, då är det som att allt du gör, allt du känner, blir tolkat genom den. Det är som att du får en ny identitet – och du börjar själv spela rollen, för att passa in i det du tror är sant om dig.

Jag såg hur jag började begränsa mig själv. Hur jag la ihop pusselbitar och fick det att passa in i bilden av att "sån här är jag." Jag kunde till och med känna mig stolt ibland över att jag "förstod mig själv" så bra. Men samtidigt satt jag fast. Ju mer jag tänkte på mitt mående, desto tyngre blev det. Jag byggde upp en mur runt mig själv utan att ens förstå att det var jag själv som tillverkade tegelstenarna.

Trots alla teorier och alla timmar jag la på att försöka "jobba med mig själv", så var det något som inte gick ihop. Det fanns stunder när jag kände mig fri. När jag skrattade, kände mig lycklig, kände ro. De där stunderna kom inte efter att jag gjort någon övning eller följt något program – de bara dök upp. Av sig själva och det förbryllade mig. För om jag nu var "trasig" – hur kunde jag må så bra ibland? Om problemet satt fast i mig, hur kunde det då försvinna, om så bara för en stund?

De frågorna gnagde och någonstans där började mitt sökande ta en annan riktning.

Insikten som förändrade utsikten

Det som förändrade allt för mig var när jag började se något helt annat. Jag kom i kontakt med ett synsätt som gick rakt emot allt jag tidigare trott. Och jag ska vara ärlig – första gången jag hörde om det här tyckte jag att det lät nästan för enkelt. Nästan som att det inte kunde stämma eftersom det inte passade in i hur jag lärt mig att tänka.

Men så var det något som ändå lät rimligt. Jag hörde något mellan orden, något som kändes sant på ett djupare plan än allt annat jag hade hört. En enkel sanning: Vi upplever alltid livet inifrån och ut, aldrig utifrån och in.

Det här är den avgörande skillnaden. Det vi kallar psykisk ohälsa känns verkligen på riktigt men det betyder inte att det är på det sätt vi tror. Vi tror att känslorna vi har kommer från vår diagnos, från vår barndom, från våra omständigheter, från allt som händer därute. Men när jag började se att varje känsla alltid skapas i stunden, inifrån, genom tanken som pågår just nu – då började jag också se att det fanns något bakom alla dessa känslor. Något som aldrig förändras. Något friskt och helt.

Jag insåg att välmåendet jag sökte aldrig hade varit borta. Det hade bara varit skymt av mina tankar om hur jag måste må, hur jag borde vara, vad som var "fel" med mig. För precis som tankarna kan skymma välmående, kan molnen skymma solen – detta välmående som alltid är där.

Och jag såg också något annat: Det är inte vi som styr våra tankar. Tankar kommer och går, precis som vädret. Det är därför det är omöjligt att kontrollera sitt mående genom att försöka tänka "rätt". Men när du ser hur spelet fungerar – att tankar kommer och går av sig själva – så händer något märkligt. Du behöver inte göra någonting för att må bättre. Det sker naturligt, när du inte längre tar dina tankar på lika stort allvar.

Det här nya perspektivet förändrade hela min syn på psykisk ohälsa. Jag började se att det inte var ett fel i mig – det var ett missförstånd om vad tankar och känslor egentligen är. Och det förändrade allt.

När sanningen inte längre stämmer

Vi har fått höra att det sitter djupt i oss – i våra gener, vår hjärna, vår historia. Men om du har följt med mig hit, så kanske du har börjat ana att något annat också är möjligt. Att det du känner – hur verkligt det än är – inte alltid betyder det du har trott.

Jag vet hur det känns att vara fast i kampen. Att desperat leta efter svar och att bygga sin identitet kring det man tror är fel. Jag vet hur tungt det kan bli när vi försöker laga något som inte ens är trasigt.

Min inbjudan till dig är enkel: Släpp taget en stund. Titta i en annan riktning. Inte för att du ska bli någon annan, utan för att du ska minnas vem du redan är.

Bakom alla tankar, alla känslor, alla diagnoser och förklaringar – där finns något som aldrig förändras. Något friskt. Något helt.

Där finns du.

Och medan du låter det här landa, kanske du vill ställa dig själv några frågor:

Vad betyder egentligen ord som ångest, depression och diagnos för dig? Hur har de format bilden av vem du är?

När du ser tillbaka på ditt liv – finns det stunder när du känt dig helt fri, trots allt du kämpat med? Hur blev det möjligt, om problemen alltid sitter fast i oss?

Vad händer om du för en stund låter tanken bara finnas: Att det du känner just nu inte behöver betyda att något är fel på dig?

Tänk om du inte behöver laga dig själv. Tänk om det finns något inom dig som redan är helt.

Och tänk om tanken du har om dig själv bara är sann för att du tror på den – vad skulle det betyda för dig - att sanningen inte längre stämmer?

Mina insikter:

KAPITEL 2

NÄR SJÄLEN MEDICINERAS

*"If there were a pill that could immediately cure you of grief after the
loss of a loved one, how long would you wait before taking it?
Immediately? A week? A year?"*

– Sam Harris

Kropp & själ behandlas på samma sätt

I dag är det nästan standard att få medicin utskriven när vi mår
dåligt. Antidepressiva, ångestdämpande, sömntabletter – listan
är lång. Vi har lärt oss att psykisk smärta är något som kan (och
ska) behandlas med medicin, precis som en infektion botas med
antibiotika.

Det finns något tryggt i den tanken. När livet känns outhärdligt,
när ångesten river sönder insidan, då är det lätt att vilja ha en
snabb lösning. Och medicinen lovar just det: En väg ut ur
smärtan, en chans att må bättre. Många gånger får vi också höra
att medicinen är nödvändig – för att "balansera hjärnan", för att
"korrigera kemiska obalanser." Som om våra känslor är
resultatet av en trasig biologi.

Det låter logiskt. Det låter vetenskapligt. Men... vad är det egen-
tligen vi medicinerar?

Vi pratar om själslig smärta, existentiell ångest, sorg, oro,
förvirring – känslor som är en del av att vara människa. Vi

försöker trycka ner dem med medicin, som om de vore fel. Som om vi har hittat ett sätt att bedöva själva livet.

Det här kapitlet handlar om vad som händer när vi börjar medicinera vår själ. Vad vi egentligen försöker bota – och vad det kostar oss.

"Vi gör som vi alltid har gjort"

När du går till vården och berättar att du mår dåligt – kanske har ångest, känner dig nedstämd eller inte orkar leva – är medicin ofta det första som kommer på tal. Vi får höra att psykiska besvär beror på kemiska obalanser i hjärnan. Antidepressiva, ångestdämpande och andra psykofarmaka beskrivs som det självklara svaret. Ofta får du höra att det är som att "ta insulin för diabetes" – en livsnödvändig behandling för en biologisk sjukdom.

Det här synsättet är så inarbetat att många inte ens funderar över om det faktiskt stämmer. Det låter så enkelt: Hjärnan är ur balans → medicin rättar till det. Punkt. Läkaren skriver ut ett recept, du börjar ta tabletterna, och sen förväntas du kunna hantera livet bättre.

Men vad vi sällan pratar om är att den här förklaringsmodellen – den om kemiska obalanser – aldrig har kunnat bevisas vetenskapligt. Det är en teori. Och trots att den aldrig kunnat styrkas, fortsätter vi behandla våra känslor som om de vore biokemiska fel.

Samtidigt målas medicinen ofta upp som lösningen när inget annat hjälper. Och när den inte fungerar? Då är det du som är problemet. "Du kanske behöver en högre dos", "Du kanske inte är mottaglig för den här medicinen", "Du kanske har fler underliggande diagnoser." Det är aldrig medicinen det är fel på – det är alltid du som måste justeras.

Det traditionella synsättet ser psykiskt lidande som något som ska fixas utifrån. Det ser känslor som fel som behöver rättas till. Och det lovar lösningar – men frågan är till vilket pris.

För mig var det enklare att ta pillret än att börja ifrågasätta vad det egentligen var som gjorde ont. Jag tog mediciner i över fyra år – de skulle göra livet lättare att leva. Till priset av att inte riktigt känna mig själv. Efter de här åren blev jag trött på att känna något som hela tiden behövde knuffas undan för att jag skulle fungera normalt. Att hålla på så här var ju inte "normalt" till att börja med. Jag funderade ibland på hur länge jag skulle behöva äta de här tabletterna – hur länge jag skulle orka?

Men till slut gjorde jag något jag verkligen inte rekommenderar: Jag slutade tvärt med tabletterna. Inom loppet av två veckor var jag helt av med dem. Till en början hände... ingenting. Jag fortsatte att må som jag "brukade", ungefär som innan.

Men så – två månader senare – kom kraschen. Helt plötsligt rasade allt in på en gång. Sorg, kärlek, oro, ångest, panik, tårar, glädje – hela registret exploderade på en och samma gång. Alla känslor som tidigare bara hade legat där långt borta i horisonten, nästan som suddiga bilder, blev nu brutalt verkliga. Det var som om varje tanke blev en del av mig, nästan som att den gick in i mitt DNA. Jag blev djupt påverkad av precis allt.

I de värsta av stunderna ville jag bara dö. Vissa nätter kunde jag flyga upp ur sängen, väcka min flickvän, sätta mig i bilen och köra iväg till akuten för att jag fått för mig att jag inte kunde andas. Som jag måste ha plågat henne med all min ångest och oro – saker hon inte kunde göra någonting åt. Och detta ovanpå att jag skulle vara hennes stabila punkt här i Sverige. Även den insikten blev ett tungt betongblock att bära, som ett sätt att ytterligare plåga mig själv.

Jag minns särskilt en natt när jag försökte sova, men något kändes över min hals, som om det var händer där. Jag var tvungen att känna efter – men det fanns ingenting. Ändå kändes det som att något kramade min strupe så hårt att jag till slut började förtvivlat panikgråta. Jag skrek tyst inombords: "Vad är det som är så jävla fel på mig?!"

I desperation spelade jag upp en ljudinspelning från en mindfulness-app, där en kvinna pratade lugnt och harmoniskt. Jag bestämde mig för att: Vad hon än säger, det är henne jag ska fokusera på. Ingenting annat. Jag lyssnade i 30 minuter och efteråt kände jag att "händerna" runt min hals släppte något. Jag satte igång en inspelning igen, den här gången bara 15 minuter. Efter ungefär 10 minuter hände något i mig – och allt släppte. Spänningarna runt min hals försvann totalt. Jag var helt utmattad, men den natten somnade jag på kanske 10 sekunder, djupare än jag någonsin sovit. Kudden – blöt av tårar. Jag – totalt utsliten.

Dagen efter berättade jag för en kollega om allt som hade hänt. Jag jobbade då som elevassistent i en särskoleklass, och hon lyssnade noga. Hon svarade efter en stund: "Det finns faktiskt en podcast som tar upp precis det där du beskriver." Hon visade hur jag skulle hitta den, och jag började lyssna direkt på min rast.

Det var där och då jag för första gången blev introducerad till något helt nytt – något som senare skulle förändra mitt liv för alltid.

Det var överväldigande. Men det var också en vändpunkt. För det var här jag på allvar började ana att det kanske inte var kroppen som var problemet. Det kanske var något helt annat som jag hade missförstått.

Känslor kommer med livet

När jag blev introducerad till ett nytt sätt att se på psykiskt lidande, var det inte så att allt plötsligt förändrades över en natt. Jag började lyssna på en podcast 2018, och även om jag ganska snabbt började må bättre på vissa sätt, fanns det fortfarande perioder när jag mådde fruktansvärt dåligt.

Det är först senare – framför allt under sommaren 2024 – som jag började inse mer och mer på djupet. Jag hade då bytt arbetsplats och kroppen fick chans att återhämta sig från allt slit som mitt tidigare jobb hade medfört. Även om jag fortfarande kunde må dåligt ibland, märkte jag en tydlig skillnad: Jag hittade tillbaka snabbare. Där jag tidigare kunde vara fast i ångest och oro i flera veckor, blev det så småningom enstaka veckor. Sedan enstaka helger. Till slut enstaka dagar, och numera bara enstaka stunder.

Det har varit en process – ingen rak väg från A till B. Olika känslor har varit olika intensiva, och vissa har tagit längre tid att skingra sig än andra. Den känsla som har hängt kvar längst för mig är skuld, med allt vad det innebär. Jag har lagt enormt mycket energi på att försöka tänka ut alla möjliga följder för att kunna skydda mig från skuld – vilket ironiskt nog bara ledde till långa perioder av oro och ångest.

Och det här är viktigt för mig att säga: Det är inte alltid så enkelt som att "se något nytt" en gång och sen vara fri för alltid. För det första är du inte fast till att börja med – det känns bara så ibland. Vi fastnar ständigt i våra illusioner. Men när vi börjar förstå hur vi fungerar, när vi verkligen ser mönstret, då kan illusionerna släppa fortare. Vi blir mer ödmjuka gentemot våra upplevelser och tar dem mindre och mindre på allvar.

Idag, till skillnad från tidigare, kan jag stå mitt i stormen av tankar och känslor – ångest, oro, panik – och ändå lyssna till en djupare röst inom mig som viskar: "Du behöver inte göra något åt det här just nu." Jag ser mig själv mitt i stormen, men jag står stadigt kvar och känner. Känslor är en del av livet. De är inte här för att bekämpas – de är här för att vi ska få uppleva livet fullt ut.

Jag vill inte kapa bort mina känslor längre. Jag vill känna dem. Jag vill inte kontrollera dem, utan bara se att jag inte är det jag känner – jag är den som känner dem. Jag är inte mina tankar. Jag är den som tänker dem.

Det är där mitt sanna jag finns – bortom tankar, bortom känslor. Som en betraktare av en film: Jag kan känna sorg, glädje, rädsla och kärlek. Men jag är inte en del av filmen. Jag är den som ser den. Och det är både vackert – och sant.

Medicinen ökar psykisk ohälsa

Har du någonsin ställt dig frågan: Vad är det jag försöker bota egentligen?

Är det en sjukdom – eller är det bara känslor som blivit för stora, för skrämmande, för påträngande att bära ensam?

Har du märkt hur lätt det är att tro att medicin är svaret, bara för att det är det som erbjuds? Och hur lätt det är att tro att det är du som är felet, när den inte hjälper?

Jag dömer ingen som tar medicin. Jag vet hur desperat man kan bli. Jag vet hur ont det kan göra. Men jag vet också att det finns något inom dig som är större än alla dina symtom, alla dina tankar, alla dina diagnoser.

Alla de gånger jag läser, hör eller ser att någon tagit livet av sig på grund av något de trott på – det gör mig innerligt ledsen och sorgsen. Särskilt när någon känd person, som varit betydelsefull för mig, "kastar in handduken" för att tanken har blivit så verklig att den känns som den enda sanning som finns. Varje gång skär det i mig.

Det är därför jag skriver den här boken. För att jag vill att alla ska förstå det jag försöker förmedla, så att vi kan få ett stopp på alla "lösningar" som i själva verket bara bidrar till fler självmord. Jag vill sätta stopp för ordet "psykisk ohälsa" som förklaringsmodell – den inkörsport som leder människor till att börja ta droger i hopp om att bedöva det som egentligen gör oss mänskliga. För ironin är brutal: De där "lösningarna" berövar oss till slut på livet självt.

Och allt detta... när vi inte ens är sjuka till att börja med.

Vad händer om du för en stund vågar tänka tanken att du inte är trasig?

Vad händer om du inte behöver bedöva livet, utan få tillbaka kontakten med det?

Tänk om du inte behöver bli någon annan för att få må bra.

Tänk om det finns något i dig som alltid varit helt.

ADHD – IBLAND, IBLAND INTE

ADHD – *finns det verkligen?*

När vi pratar om ADHD idag, gör vi det nästan alltid som om det vore ett etablerat, biologiskt faktum. ADHD beskrivs som en neuropsykiatrisk funktionsnedsättning – något du föds med, som påverkar din hjärna, ditt nervsystem och hela ditt sätt att fungera. Vi har lärt oss att tänka att vissa människor "har" ADHD på samma sätt som någon kan ha diabetes eller ett hjärtfel. Och det är så vi ofta hör det uttryckas: "Jag har ADHD", "Det är på grund av min ADHD att jag inte kan sitta still", "Jag behöver medicineras för min ADHD."

Vi tänker sällan på hur denna diagnos faktiskt fastställs. Det finns inga blodprov, inga röntgenbilder, inga fysiska tester som kan visa om du har ADHD. Diagnosen bygger helt och hållet på observationer och beskrivningar av beteenden: Svårigheter med koncentration, impulsivitet, rastlöshet. Det handlar alltså om hur du uppför dig – inte om någon konkret, biologisk avvikelse som går att mäta.

Läkemedelsindustrin och psykiatrin har tillsammans skapat en bild där dessa beteenden tolkas som tecken på en underliggande sjukdom. Och eftersom diagnosen ges allt oftare, börjar vi tro att ADHD är något självklart och tydligt. Men hur säkra är vi egentligen på det?

Det finns röster inom psykiatrin som har pekat på samma brist. Johan Stiernstedt, leg. psykoterapeut, skriver i Den galna psykiatrin att läkemedelsindustrin under de senaste 50 åren aktivt har jobbat för att utöka antalet psykiatriska diagnoser, och att gränserna för vad som räknas som diagnos har sänkts gång på gång. Stiernstedt beskriver också hur diagnoser som ADHD bygger på symtombeskrivningar, inte på objektiva, uppmätta fakta. DSM-systemet (Diagnostic and Statistical Manual of Mental Disorders/Diagnostik och Statistisk Manual för Mentala Störningar), som ligger till grund för diagnoserna, är enligt honom ett sätt att samla och beskriva symtom – men inte ett verktyg som identifierar faktiska sjukdomar. Han varnar för att diagnoser ofta beskrivs som något varaktigt och oföränderligt, vilket riskerar att cementera identiteter och skapa självuppfyllande profetior – trots att det vi egentligen pratar om är mänskliga känslor och beteenden.

Det är också värt att fråga sig: Vad är det egentligen vi försöker "diagnostisera" när vi pratar om ADHD? Är det verkligen en sjukdom, eller är det vårt sätt att försöka förstå människors olika sätt att tänka, känna och bete sig? Och vad händer med oss när vi börjar tro att en viss form av mänskligt beteende inte bara är annorlunda – utan fel?

Det traditionella synsättet lär oss att om du har svårt att koncentrera dig, är impulsiv eller känner dig rastlös, så är det för att det är något "fel" på dig. Du får en diagnos. Du får medicin. Och långsamt, nästan obemärkt, börjar du bygga din identitet kring detta. Diagnosen slutar vara en beskrivning av beteenden – den blir en beskrivning av vem du är.

Men om ADHD inte ens fanns som begrepp – skulle det då fortfarande vara ett problem?

Det vi skapar för att förstå världen blir till något vi börjar leta svar kring, oavsett om det är sant eller inte. Och när vi väl har bestämt oss för att svaret måste finnas där, hittar vi det till slut – även om det bara är en illusion vi själva har byggt upp.

Vi drogar barn

Jag har själv aldrig fått diagnosen ADHD. Men jag har träffat många människor som har fått den – eller som själva har kommit fram till att "de nog har" ADHD. Det slängs ofta med diagnosen lite hit och dit, som en slags förklaring på allt möjligt: Att man har svårt att fokusera, att man är rastlös, att man känner sig splittrad.

Det som alltid har slagit mig är hur snabbt folk bygger en identitet kring det. Samma person som säger sig ha ADHD kan vara helt lugn och samlad i andra sammanhang – men ändå hålla fast vid att de "har" diagnosen, bara att den kanske inte märks så mycket just då. Jag har alltid tyckt att det är lite lustigt. Det blir nästan som att säga: "Ibland har jag melerade ögon, när jag är på det humöret." Som om något som sägs vara medfött och konstant ändå kan slå av och på beroende på situation och väder.

De här observationerna fick mig att börja ifrågasätta hela idén. Om ADHD verkligen är något man "är", varför är det då så olika från stund till stund? Om det verkligen handlar om något fast och biologiskt, borde det väl inte kunna skifta så mycket? Det blev tydligt för mig att det som vi tolkar som ADHD ofta bara är vanliga mänskliga tillstånd – sådant som vi alla upplever i perioder, men som vi kanske har börjat tolka som något "fel" när det inte passar in i normerna.

Jag började se att det farliga inte är själva beteendena – utan berättelserna vi bygger runt dem. När vi börjar tro att vi är våra svårigheter, då begränsar vi oss själva. Och ju mer vi tror på det, desto mer letar vi efter bevis som stärker den bilden. Det blir vår sanning. Vare sig det är sant eller inte.

Men det allra värsta jag har varit med om när det gäller diagnoser och vad de kan ställa till med, var när jag jobbade som elevassistent på en helt vanlig skola. I klassen fanns två elever som behövde extra stöd, varav en av dem var en liten pojke som enligt omgivningen hade "stora problem." Både lärare, rektor, läkare och familj var helt överens: Det var något fel på honom.

Jag fick se det på nära håll. Och jag säger det från hjärtat: Det var det värsta jag har upplevt i hela mitt liv.

Visst, pojken var busig ibland. Han hade temperament och kunde bli arg då och då. Men bortom allt det där såg jag något annat – jag såg kärlek och omtanke. Jag upplevde en liten människa med hjärta och värme, som kämpade med sina känslor precis som många andra barn gör. Men istället för att förstå honom, valde omgivningen att sätta en etikett. Och inte bara det – han fick medicin. Medicin som gjorde honom helt avstängd, som en zombie. Mitt hjärta gick sönder varje dag jag såg det. Inombords skrek jag: "Hur kan man bedöva ett barn – ett barn på sex år! – med sådan medicin?!" Vad är det för jävla galen tolkning av hur ett barn "ska" vara för att räknas som normalt?

Jag minns särskilt en händelse. Han hade blivit arg och sprang iväg från mig. Jag ville följa efter honom, men han sprang undan. Senare, när vi pratade, frågade jag varför han inte ville att jag skulle följa efter honom. Hans svar fick mig att tåras. Han sa: "Jag ville inte skada dig. Det var därför jag ville fly."

Jag tänker på honom då och då. Om han bara hade fått veta att han inte behövde springa ifrån sina tankar, att känslorna han kände inte var farliga eller behövde tryckas bort – då hade han aldrig behövt den där medicinen. Egentligen behövdes den inte alls. Det är ju inte han som är sjuk – det är omgivningen som gör honom sjuk, för att de själva inte förstår vad tankar och upplevelser är och varifrån de kommer.

Han hade kunnat få lov att växa upp och njuta av livet. Precis som vilket barn som helst.

ADHD *är en tanke – inget annat*

När jag började förstå mer om hur vårt psyke verkligen fungerar, blev det tydligare och tydligare för mig: ADHD – precis som så många andra diagnoser – handlar i grunden om tillfälliga tillstånd. Upplevelser som kommer och går, precis som alla andra känslor och tankar vi har. Rastlöshet, koncentrationssvårigheter, impulser – allt det där är mänskligt. Det är en del av att vara levande. Men vi har byggt en berättelse kring dessa upplevelser som gör dem till något "fel." Och när vi börjar tro på den berättelsen, ser vi den överallt.

Det som skiftade för mig var insikten att inget är permanent när det kommer till upplevelsen i livet. Inte ens de tillstånd som känns som att de alltid funnits där. Alla våra känslor och beteenden är skapade i stunden, genom tanke och medvetande. Det innebär att inget av det definierar oss. Det är tillfälligt. Det är föränderligt.

När jag tänker tillbaka på pojken jag jobbade med, och på alla andra jag har mött som kämpat med känslan av att vara "fel", ser jag samma mönster: De kände starka känslor, hade intensiva tankar och reaktioner – och istället för att förstå att det var något naturligt och tillfälligt, blev de fångade i idén om att de var sin diagnos. Men ju mer omgivningen bekräftade det, desto starkare blev identiteten kring det.

Det här perspektivet handlar inte om att förminska någons kamp. Jag vet hur tufft det kan vara. Utan det handlar om att öppna en ny dörr: Att visa att det vi kämpar med inte är ett fel i oss, utan ett missförstånd om vad våra upplevelser egentligen betyder och framförallt är.

När vi börjar se att våra känslor och beteenden inte är fasta identiteter utan tillfälliga tillstånd, då händer något kraftfullt. Vi slutar se oss själva som trasiga. Vi börjar se att vi alltid har haft allt vi behöver inom oss – även när det stormar.

Det kanske är det just där nyckeln finns: Att förstå att vi inte behöver laga oss själva. Vi behöver bara förstå hur vi fungerar. På riktigt.

Du är aldrig sönder

Hur känns det när du tänker på ordet ADHD?

Känner du att det säger något om vem du är? Något som definierar dig, som sätter gränser för vad du klarar av? Eller har du sett exempel på att du ibland fungerar helt annorlunda – trots diagnosen?

Jag vill att du ska fundera på en sak: Om något verkligen är en fast sanning om dig, hur kan det då försvinna ibland? Hur kan du vara fullt fokuserad ena dagen och splittrad nästa? Hur kan du vara lugn och närvarande ena stunden och rastlös den andra?

Tänk om det vi kallar ADHD bara är ett namn vi har gett åt känslor och beteenden som kommer och går. Tänk om du inte behöver vara fången i den berättelsen.

Jag dömer ingen som bär en diagnos – jag vet hur mycket lättnad det kan ge att få en förklaring. Men jag vill bjuda in dig att titta bakom orden. Vad är det egentligen som pågår? Och vad händer om du börjar se att du inte är summan av dina svårigheter?

Tänk om du redan är hel – oavsett vad någon har sagt till dig.

KAPITEL 4

Skuld – såret inombords

Skuld – en osynlig tyngd

Det finns få känslor som skär så djupt som skuld. Den borrar sig in i oss, som ett sår som aldrig riktigt vill läka. Den viskar till oss om allt vi gjort "fel" – eller allt vi tror att vi borde ha gjort annorlunda. Den påminner oss, gång på gång, om varför vi inte duger, varför vi borde skämmas, varför vi måste be om ursäkt för något vi har gjort eller inte gjort.

Vi lär oss tidigt att skuld är en nödvändig del av att vara människa. Att den är en slags moralisk kompass som ska hålla oss på rätt väg. Men skuld växer lätt till något mycket större än det – något som inte längre bara handlar om våra handlingar, utan om vem vi tror att vi är. Skulden känns som ett sår inombords, ett sår som vi bär med oss överallt, ibland utan att ens vara medvetna om det.

Men vad händer när skulden inte längre hjälper oss att göra rätt – utan istället håller oss fångna? Vad händer när skulden inte längre är en varningsklocka, utan en del av vår identitet?

Det här kapitlet handlar om skuldens grepp om oss – och om möjligheten att se den för vad den egentligen är.

Skuld – verkar rätt när det pekar fel

Vi växer upp i ett samhälle där skuld ses som något nödvändigt. Från tidig ålder lär vi oss att om vi gör fel, måste vi känna skuld – annars är vi inte bra människor. Skuld beskrivs som en signal att vi har överträtt en gräns, att vi har sårat någon, brutit mot regler eller moral. Det låter logiskt: Gör vi något fel, känner vi skuld, lär oss en läxa och gör bättre nästa gång.

Men problemet är att skuld sällan stannar där. Den fastnar. Den börjar leva sitt eget liv långt efter att händelsen är över. Och ibland dyker den upp även när vi inte har gjort något fel – bara för att vi tror att vi borde ha gjort annorlunda. Skuld blir något vi bär på i åratal, som ett osynligt straff vi ger oss själva om och om igen.

Inom psykologin ses skuld ofta som en "hälsosam" känsla – en del av vår utveckling som moraliska varelser.

Men när skuld övergår i skam, självkritik och självförakt, blir det ett gift som sakta bryter ner oss inifrån. Trots det betraktas skuld fortfarande som något nödvändigt: Utan skuld skulle vi bli känslokalla och ansvarslösa, tänker vi.

Vi får höra att vi måste "förlåta oss själva", bearbeta våra skuldkänslor, hitta sätt att hantera dem. Men få pratar om att själva idén om skuld kanske inte är så självklar som vi tror. Få ifrågasätter om vi verkligen måste bära runt på skulden – eller om det faktiskt finns ett helt annat sätt att förstå vad skuld egentligen är.

Jag plågar mig själv så slipper andra göra det

Skuld har varit en av de tyngsta känslorna i mitt liv. Den har hängt över mig som ett mörkt moln, ofta utan att jag ens kunnat sätta fingret på exakt vad jag känt skuld över. Det har handlat om stort och smått – saker jag gjort, saker jag inte gjort, saker jag tänkt att jag borde ha gjort. Det spelar ingen roll om det var något litet eller stort eller om det ens var rimligt; skuldkänslan har haft samma kraft varje gång.

Jag har ofta försökt vara den som gör rätt. Den som tar ansvar, den som finns där för andra, den som inte sviker. Men paradoxalt nog gjorde det mig bara mer sårbar för skuld. För varje gång jag inte levde upp till min egen – eller andras – bild av hur jag "borde" vara, slog skulden till med full kraft. Jag kunde älta saker i dagar, veckor, ibland månader. Och även när ingen annan klandrade mig, fanns den där inre rösten kvar som påminde mig om att jag hade gjort fel. Eller i alla fall kunde ha gjort fel.

Det har till och med gått så långt att jag ibland har tagit på mig ansvaret för hur andra ska må eller tycka om mig. Jag har varit så rädd för att få en reprimand i efterhand – för något jag borde ha tänkt på, något jag skulle ha gjort. Så många gånger har jag gått och lidit över att jag "borde" ha gjort si eller så istället. Tankarna har snurrat: Varför gjorde jag inte detta? Hur kunde jag glömma? Hur kunde jag vara så dum? Varför fattar jag alltid detta när det är för sent? Om och om igen har jag klandrat mig själv med den här tankevanan.

Och ibland blev det ännu värre. Det värsta jag kunde höra som någon sa var orden: "Det där ska vi prata om sen." Fy fan vad jag kunde lida av det. Det var som att någon la en bomb framför mig – och jag gick runt och väntade på att den skulle explodera. När ska stunden av skuld komma? När ska avrättningen ske? Hur ska jag försvara mig mot något jag inte ens vet vad det handlar om? Jag mådde så innerligt dåligt av detta, och den typen av känsla har följt mig ända från barndomen upp till vuxen ålder. Det är som om den gamla rädslan för skuld blev en trogen följeslagare, även när hotet egentligen inte längre fanns där.

Men precis som med ångest och oro började jag så småningom ana att skuld också är något som skapas i stunden. Den känns otroligt verklig – men det betyder inte att den är sann.

Skuld är en tillfällig känsla

Det som förändrade allt för mig var när jag började förstå vad skuld egentligen är. Inte vad vi tror att det är – utan vad det faktiskt är.

Jag hade alltid trott att skuld var något slags moraliskt verktyg, en nödvändighet för att hålla oss på rätt spår. Men jag började se att skuld egentligen bara är en känsla, skapad i samma ögonblick som vi tänker en tanke om något vi gjort eller inte gjort. Det låter kanske enkelt, men det förändrade hela min syn på skuld.

En sak som verkligen fick mig att haja till var: Hur kan skuld vara något "sant" om den kommer och går? Hur kan en känsla som känns enormt stark i ena stunden och helt frånvarande i andra vara bevis på att vi har gjort något fel? Jag började se mönstret – att skulden alltid var kopplad till mina tankar i stunden. När tankarna var där, kändes skulden överväldigande. När tankarna försvann, var känslan borta. Det spelade ingen roll om omständigheterna var desamma. Skulden var aldrig konstant – den var tillfällig, precis som alla andra känslor.

Det här gjorde något stort med mig. För första gången började jag förstå att skuld inte är en objektiv sanning om vem jag är eller vad jag har gjort. Det är en känsla som kommer och går – precis som glädje, sorg eller ilska. Och känslor behöver inte alltid betyda något mer än just det: En tillfällig upplevelse.

Det betyder inte att vi aldrig ska ta ansvar för våra handlingar. Men det betyder att vi inte behöver bära runt på ett självstraff som aldrig tar slut. Vi behöver inte göra skulden till en del av vår identitet.

Ju mer jag såg det här, desto lättare blev det att släppa taget om skulden när den dök upp. Den kom fortfarande – men jag tog den inte lika allvarligt längre. Jag kunde stå kvar mitt i den och veta: Det här är bara en känsla som passerar genom mig. Den säger inget om mitt värde som människa.

Och i det, började något mjukna. Skulden blev inte längre ett öppet sår – den blev en påminnelse om hur starkt våra tankar färgar vår upplevelse. Och att vi alltid, alltid är något mer än det vi känner.

Det som verkligen fick mig att se det ännu tydligare var när jag började tänka tillbaka på konkreta situationer i mitt liv. Två särskilda händelser sticker ut för mig, båda från när jag jobbade inom vården.

Det första scenariot handlade om en äldre dam som jag länge hade gått till och hjälpt. Jag tyckte att jag kände till rutinerna väl – jag hade ju jobbat där till och från i flera år. En dag stannade en kollega mig i korridoren och sa något som egentligen inte var så allvarligt, men som träffade mig som en iskall dusch: "Du har varit hos den här tanten, och hon har faktiskt en rutin du har missat. Hon har inte velat säga något till dig eftersom du är kille och kanske inte känner dig bekväm med det."

Jag kände direkt: Jag har gjort fel! Det var som om hela min värld rasade, fast det handlade om något så litet. Men i stunden kändes det enormt. Jag visste att jag skulle ha henne på schemat senare och gick hela den tiden och grubblade på hur jag skulle be om ursäkt, hur jag skulle rätta till det. Jag skämdes så. När jag till slut kom dit och bad om ursäkt, svarade hon något i stil med: "Men snälla, du ska inte ta det så allvarligt." Där och då insåg jag att jag hade gjort en hel hönsgård av... ja, nästan ingenting.

Det andra scenariot var också på samma arbetsplats. Jag hade ansvar för en äldre herre som brukade gå på promenad ensam. En kväll när jag började mitt pass var han ute och skulle haft sitt besök och sin medicin, men han var inte hemma. Mörkret började falla på, och det blev oroligt. Jag frågade en kollega vad vi borde göra. Hennes första reaktion var att ansvaret låg hos mig och att jag skulle ta till mig detta som ett "fel" från min sida. Själv tänkte jag mer praktiskt: Vi behövde hitta honom och se till att han fick sin medicin. Men kollegan verkade mest fokuserad på att jag borde känna skuld över situationen, och hon blev irriterad över att jag inte tog det på "rätt sätt" enligt henne.

Det märkliga var att jag inte kände skuld alls den gången. Jag såg tydligt att problemet inte låg hos mig. Min känsla var stark och klar: Det viktiga är inte att hitta skuld – det viktiga är att hitta gubben.

De här två scenarierna har hängt kvar hos mig. Båda hände på samma arbetsplats, inom samma yrkesroll, men min reaktion var helt olika. Hur kunde jag känna så mycket skuld i det första fallet, och ingen alls i det andra? Vad var det egentligen som var annorlunda?

Det fick mig att börja ana något. Skulden handlar inte om vad som händer – den handlar om hur vi ser på det som händer. Och ibland bär vi skuld fast vi inte behöver det. Ibland förväntas vi känna skuld när vi vet att det inte hjälper någon.

Den insikten har stannat kvar hos mig. Och jag tror att många av oss har varit med om liknande situationer – där något inte riktigt stämmer med den "sanning" vi fått lära oss om skuld.

När skulden håller oss fast istället för att leda oss framåt

Har du märkt hur snabbt skulden kommer? Hur den ibland dyker upp innan du ens hunnit tänka efter ordentligt?

Vi lär oss tidigt att skuld ska hålla oss på rätt spår. Men har du någonsin frågat dig: Får skuld mig verkligen att växa – eller håller den mig bara fast?

Vilken skuld bär du med dig just nu? Och är den verkligen din att bära?

Om du ser tillbaka på ditt liv – hur många gånger har du känt skuld för något som senare visade sig vara mycket mindre än du trodde? Hur mycket energi har du lagt på att älta det förflutna?

Tänk om skuld bara är ett tecken på att du har ett hjärta som bryr sig. Tänk om det aldrig var meningen att du skulle straffa dig själv för att du är mänsklig.

Och tänk om du för en stund kunde lägga ner den där ryggsäcken av skuld, bara vila lite... vad skulle du upptäcka då?

Jag har ibland märkt hos mig själv att skulden nästan blivit ett sätt att skydda mig. Som om jag, omedvetet, har tänkt: "Se hur hårt jag slår på mig själv – du behöver inte slå mig, det gör jag så bra själv." Det gör ont att se det idag. Hur jag har behandlat mig själv så, gång på gång, i hopp om att slippa bli dömd av andra.

Det är inte alltid vi vet var våra insikter kommer ifrån. Kanske har vi hört något liknande tidigare, kanske landar det först när vi är redo att verkligen se det själva. För min del tror jag att det är tack vare att jag har blivit mer ödmjuk, lyhörd och ärlig mot mig själv som jag ens har vågat sätta ord på det jag känner – utan att skämmas. Och det har varit en enorm befrielse.

Min inbjudan till dig är densamma: Våga se på dig själv med samma vänliga ögon. Du behöver inte längre straffa dig själv för att vara mänsklig.

Det räcker att du är du.

KAPITEL 5

SKAM – KÄNSLAN SOM GÖMMER SIG

Skuld & skam går hand i hand

Skuld och skam går ofta hand i hand. De är som två sidor av samma mynt – men de känns olika, och de gör olika saker med oss. Skuld handlar oftast om vad vi har gjort. Skam går djupare än så. Skam handlar om vem vi tror att vi är.

Vi har alla känt skuld för något vi gjort – men skam är något annat. Det är den där gnagande känslan av att det är vi själva som är fel. Inte bara vårt beteende, utan vårt värde som människa. Skam viskar: "Du är inte tillräcklig. Du duger inte. Du borde inte ens existera."

Det som gör skam så tyst och lömsk är att den ofta gömmer sig bakom andra känslor. Den klär ut sig till ilska, undvikande, perfektionism eller till och med skuld. Ibland märker vi inte ens att det är skam vi bär på – vi bara känner oss små, ovärdiga, rädda för att bli avslöjade som "inte tillräckliga."

Skuld säger: "Jag gjorde något dumt."

Skam säger: "Jag ÄR dum."

Det här kapitlet handlar om skammen vi bär, ofta utan att ens veta om det. Och om hur vi kan börja se den för vad den är – så att den inte längre styr i det tysta.

Skammen som vägvisare

Skam är ett ord vi inte pratar så mycket om. Det dyker upp ibland i psykologiska sammanhang, men ofta mer som en bieffekt av andra problem. Samhället är snabbt på att prata om skuld – men när det gäller skam blir det tystare. Kanske för att skam är så mycket mer obehaglig att kännas vid.

Inom traditionell psykologi beskrivs skam som en naturlig del av människans känsloregister. Den ses som något som hjälper oss att anpassa oss till gruppen, att förstå våra sociala gränser. Skam har därför ofta beskrivits som ett "lim" som håller samman sociala strukturer – om vi inte kände skam skulle vi, enligt teorin, bete oss hur som helst utan hänsyn till andra.

Men precis som med skuld blir skammen ett problem när den håller sig kvar. Istället för att vara en tillfällig känsla som pekar på en viss situation, blir den en identitet. Vi börjar tro att det inte bara är något vi har gjort som är fel – utan att vi själva är fel i grunden. Och när den känslan får fäste, gömmer den sig ofta långt under ytan, i form av låg självkänsla, självkritik, undvikande och en ständig rädsla för att bli "avslöjad" om ens brister.

Samhället ger oss dessutom många subtila budskap om vad vi "borde" skämmas för: Vår kropp, vår bakgrund, vår ekonomi, våra misstag, våra tankar, osv. Skammen får näring från alla håll – och det är lätt att börja tro att vi bär på något grundläggande fel som vi måste dölja.

I terapier och självhjälpsböcker får vi ofta rådet att "acceptera vår skam", att möta den, att förstå varifrån den kommer. Men vad händer om vi tittar ännu djupare? Vad händer om vi börjar ifrågasätta om skammen verkligen säger något sant om oss – eller om den, precis som skuld, bara är en känsla som kommer och går?

Och ännu viktigare: Vad skulle hända om vi inte kände skam alls? Är det verkligen sant att vi då skulle bli som vildar, utan spärrar eller omtanke? Är skam verkligen nödvändig för att vi ska vara kärleksfulla och medmänskliga?

När jag tänker på kärlek, finns det inte en enda plats där ordet skam känns hemma. Jag har aldrig förknippat dem med varandra – inte som synonymer och inte ens som något som hör ihop. Snarare tvärtom: Skammen verkar ofta stå i vägen för kärleken, som en mur som hindrar oss från att vara helt oss själva med andra.

Det väcker en nyfiken fråga: Om kärlek och omtanke finns helt oberoende av skam – varför tror vi att skam behövs?

Skam – för lidandets skull

När jag började fundera på skam insåg jag något som slog hårt: Även efter att alla andra hade sagt sitt, efter att folk hade dömt, kritiserat eller haft åsikter om mig – så var det ändå jag själv som stod kvar i slutändan. Det var jag som dömde mig. Jag var både domare och åklagare. Jag satte mig själv i "rättegång" om och om igen, även när ingen annan längre pratade om det.

Det är något märkligt med skam. Den sätter sig så djupt att även när omvärlden har gått vidare, kan vi själva hålla fast vid den. Den gömmer sig i våra egna tankar, viskar saker som: "Det där borde du fortfarande skämmas för." Och även när jag försökte släppa taget, dök den ofta upp igen i någon ny form – som om den hela tiden letade efter nya sätt att berätta för mig att jag inte riktigt dög.

Jag har känt skam över så mycket: Över misstag jag gjort, ord jag sagt, saker jag inte gjorde, ibland till och med för tankar jag haft. Det konstiga är att skammen sällan handlade om själva händelsen. Den handlade om mig – om min värdighet, min plats i världen, ja, hela min existens.

Det slog mig också att skammen ofta varit osynlig. Jag har ibland inte ens märkt att det varit skam jag känt, bara en tung känsla av att något var "fel" med mig, utan att kunna sätta fingret på vad.

Ibland har det varit som att skammen bara kastar sig över mig – som om den säger: "Här, varsågod, nu ska du må dåligt, bara för dåligt måendes skull." Det har känts vidrigt. Nästan som om min plats här på jorden har varit att lida, att det är därför jag finns. Att må dåligt, oavsett om det finns en anledning eller inte.

Det är svårt att beskriva hur tungt det där kan vara, men det har följt mig som en skugga i så många år. Och det gjorde att jag inte bara kämpade med skammen när jag visste vad den handlade om – utan även när den bara fanns där utan någon tydlig orsak.

Det var en meningslös smärta. Och just därför så svår att bli fri från – eftersom roten till det onda inte fanns att finna.

Skammen – ett skydd med taggar på insidan

När jag började se på skam med nya ögon, upptäckte jag något jag aldrig riktigt förstått förut: Skam är precis som skuld – en känsla som skapas i stunden. Den känns stor, tung och verklig, men det betyder inte att den säger något sant om vem vi är.

Det låter enkelt, men den insikten förändrade mycket. Jag började se att skammen inte hade något "eget liv." Den var helt beroende av mina tankar. Varje gång jag började grubbla på om jag var fel, inte räckte till eller borde skämmas, väckte jag skammen till liv igen. Och när tankarna försvann, försvann också känslan – precis som dimma som lättar när solen kommer fram.

Jag insåg också något annat: Skammen lever på hemligheter. Den växer sig starkare i tystnaden, i det vi inte vågar säga högt. Ju mer jag gömde min skam, desto större och mäktigare kändes den. Men när jag började våga vara öppen, när jag vågade säga till mig själv: "Ja, jag har känt så här" – då förlorade skammen sin kraft, steg för steg.

Det märkliga var att skammen ofta släppte så fort jag hade "erkänt" det – oavsett om någon annan accepterade det eller inte. Det var som att jag inte behövde säga det för andras skull utan endast för mig själv. Jag vet att det i slutändan är mina egna tankar som skapar skammen, men om man "dansar med illusionen" lite, så känns det nästan som att det är själva erkännandet som bryter dess makt.

Det här är också något som ofta missförstås när man pratar om tankar. Det låter så banalt att säga att "tankarna bara är tankar" – som om man skulle förringa hela upplevelsen. Men det är inte så jag menar. Tankar är tankar – och de utgör hela din upplevelse. De händer på riktigt, fullt ut, i ditt psyke. MEN de händer inte i verkligheten, alltså i det fysiska. Det är där skillnaden ligger. Tankarna känns otroligt verkliga, men det betyder inte att de händer på riktigt i den värld vi ser och tar på. Däremot händer de fullt ut inuti oss. Och det är den skillnaden som ofta missas.

Att förstå det på riktigt – att våra tankar formar hela vår upplevelse men inte har någon fysisk substans – förändrade mitt sätt att se på skam (och alla andra känslor).

Skammen försöker få oss att tro att den skyddar oss från att bli dömda av andra. Men den gör raka motsatsen: Den dömer oss inifrån, om och om igen.

Och när jag började se det, blev något lättare. Skammen försvann inte helt – den dyker fortfarande upp ibland, som en gammal vana. Men idag vet jag att den bara är just det: En vana. En känsla skapad i stunden, som inte säger något om mitt värde som människa.

Och det är en enorm lättnad.

Vem vore du utan skammen?

Vi bär alla på något. Vissa sår syns utanpå, andra känns bara inuti – som en tyngd vi knappt kan sätta ord på. Skam är en sådan tyngd. Den gömmer sig, den viskar, och ibland får den oss att tro att vi är ensamma om att känna så här.

Men du är inte ensam.

Tänk på det: Hur mycket av din självbild har formats av skam? Hur många gånger har du hållit tillbaka, gömt en del av dig själv, av rädsla för att inte duga?

Och tänk om skammen bara är ett eko av tankar. Inte en sanning om dig, utan en känsla som passerar, hur verklig den än känns.

Vilka delar av dig själv skulle du våga visa om skammen inte stod i vägen? Hur skulle det kännas att ta ett steg närmare den du verkligen är?

Jag tänker ofta på hur skammen börjar. Hur en enda kommentar, ett ord eller en blick när vi är barn kan sätta spår. Vi tar det till oss, börjar tro på det, och till slut bär vi det som en sanning. Det blir som att svälja rakblad – först skär det till på utsidan, men sedan börjar det såra oss inifrån. Vi fortsätter äta det som skadar oss, gång på gång, utan att förstå att det är vi själva som – helt oskyldigt – håller såret vid liv. Det verkar till och med som att meningen är att det ska göra ont.

Men kanske är just det den största insikten: Att vi kan sluta mata oss själva med det som gör ont, när vi ser att vi inte behöver skammen längre. När vi ser att vi egentligen aldrig behövt den för att vara kärleksfulla.

För bakom skammen, bakom tanken, där finns något som alltid är helt. Där finns du.

KAPITEL 6

VAD HÄNDER NÄR VI IFRÅGASÄTTER?

Frågan vi sällan ställer

Vi växer upp med en massa sanningar. Saker vi fått höra, lärt oss, tagit för givna. Vad psykisk ohälsa är, hur vi "ska" må, vad som är normalt och vad som inte är det. Allt det här byggs på lager för lager, tills det till slut känns självklart. Som om världen är på ett visst sätt – punkt.

Men tänk om vi vågar stanna upp. Tänka en gång till. Fråga oss: "Är det verkligen sant?"

Det är här något spännande händer. För när vi börjar ifrågasätta det vi alltid tagit för givet, börjar hela byggnaden skaka lite. Plötsligt öppnas en liten springa där något nytt kan komma in. Det är inte alltid bekvämt – vi är vana vid våra "sanningar", även när de gör ont. Men ibland behövs bara en liten glipa för att något ska förändras i grunden.

Det här kapitlet handlar om just det: Vad som händer när vi vågar titta bakom etiketter, diagnoser och gamla övertygelser. Vad vi kan upptäcka när vi låter oss själva vara nyfikna på nytt – och om modet som krävs för att ifrågasätta det som många av oss kanske fortfarande håller fast vid.

Det kan låta enkelt i teorin. Men i praktiken är det ofta mycket svårare än vi tror. För ibland vet vi inte ens vad det är vi håller fast vid. Vi är så vana vid våra egna mönster att vi knappt märker att de finns där. Det som en gång började som en tanke har efter många år satt sig så djupt att det känns som om det sitter i ryggmärgen.

Det kan ta sig uttryck på alla möjliga sätt: Att vi hamnar i relationer som inte fungerar, att vi alltid "råkar" träffa fel partner, eller att vi gång på gång upprepar samma mönster. Hur ofta har du frågat dig själv: "Varför går allting åt helvete just när det börjar gå bra?" Är det rädslan för att vinna som håller dig tillbaka? Är det stolthet som gör att du klamrar dig fast vid något orimligt? Eller är det barnet inom dig som skriker efter uppmärksamhet och kärlek – och som vägrar släppa taget om det som en gång gjorde ont?

Ofta är det en blandning av allt det där. Och just därför är det så svårt att se – men också så kraftfullt när vi börjar ana vad som pågår.

Systemet som matar ohälsan utan att veta

Att ifrågasätta det vi fått lära oss är inget som alltid uppmuntras. Redan från tidig ålder får vi veta vad som gäller: Vad som är rätt och fel, normalt och onormalt. Systemet – vare sig det handlar om skola, vård eller samhället i stort – bygger på att vi litar på experterna, att vi följer ramarna som redan finns.

Inom psykologin till exempel lär vi oss att det finns förklaringsmodeller för hur människor fungerar. Diagnoser, behandlingsmetoder och teorier som sägs beskriva oss "vetenskapligt." Och när vi väl fått en etikett eller förklaring på något vi kämpar med, blir det ofta svårt att ens föreställa sig något annat. Det känns tryggt – även om det gör ont.

Det traditionella synsättet säger att om vi mår dåligt, så finns det en orsak som måste grävas fram. Vi lär oss att förstå oss själva genom att titta bakåt: På barndomen, på gamla sår, på omständigheter och erfarenheter som format oss. Och ju mer vi hittar, desto mer "förstår" vi varför vi mår som vi gör.

Men här finns en fälla som vi sällan pratar om: När vi börjar rota i det förflutna, kommer vi alltid hitta något som kan verka som en förklaring. Vår hjärna söker efter mönster och vill förstå, så det känns logiskt. Problemet är bara att vi aldrig kan verifiera om det verkligen är orsaken. Och ännu tydligare blir det när vi märker att samma minne kan kännas helt olika vid olika tillfällen. Ibland kan samma minne kännas som något fruktansvärt som format oss, men ibland kan vi se på samma sak med distans och tänka: "Jag var ju bara ett barn, jag var oskyldig – det fanns inget jag kunde göra."

Det här visar något viktigt: Det är alltid tanken som skapar vår upplevelse, men hur starkt vi känner den beror på hur mycket vi fångas av tanken i stunden, det vill säga hur hög eller låg din medvetandenivå är just då. Det är som att vi har ett inre "filter" som ger tankarna liv och färg – och det är det som avgör hur verkligt något känns. Så även om tanken är densamma, kan känslan vara helt olika beroende på vilken "nivå" vi befinner oss i medvetandet just då.

Det gör också att berättelsen vi tror oss förstå om vårt förflutna – den "förklaring" vi hittar – egentligen är mer en efterkonstruktion. Den känns sann när vi tänker den, men den är inte en fast sanning om vem vi är. Detta eftersom alla tankar skapas i stunden av nu.

Det här kan låta rörigt vid första anblick, jag vet. Men egentligen är det väldigt logiskt: När vi tänker på något från det förflutna, känns det som att vi återupplever dåtiden – men i själva verket upplever vi tankarna här och nu. Det är nya tankar om det gamla, och de skapas i detta ögonblick, inte i det förflutna. Allt vi känner händer alltid nu, även om tankarna pekar bakåt.

Vi litar ofta på samhällsstrukturen

När jag ser tillbaka på min egen resa ser jag tydligt hur jag, helt oskyldigt, fastnade i alla tankar jag hade om mig själv – och att detta egentligen var den enda anledningen till att jag mådde dåligt. Ju hårdare jag kramade tanken, desto sämre mådde jag. Det slog mig aldrig att allt skapades av en tanke, som en illusion, som en hägring – som att det endast var ett förslag på vad jag kunde uppleva i stunden. För det är ju det tankar är: Förslag på vad som kan upplevas just nu.

Detta ser jag så tydligt idag. Men då... då trodde jag att jag var tvungen att ta till mig allt jag tänkte. Jag såg världen som något som hände utanför mig, och det var den som påverkade mitt mående. Det blev som att jag tänkte: "Jag måste fånga varje snöflinga som faller, annars mår jag dåligt."

Och det är inte konstigt att jag trodde det, för till och med samhället bekräftade den bilden. Vi får hela tiden höra att vi måste ändra vårt tankesätt – genom KBT, NLP, mindfulness, meditation och alla möjliga tekniker. Men det leder ofta bara till ännu mer tänkande – "tänk inte så, gör så här istället". Och så är tivolit igång igen: Musiken spelar på trippelhastighet och du sitter där på karusellen och snurrar snabbare och snabbare, mår illa och vill hoppa av – men du tror att du måste sitta kvar. För du tror att det här är verkligheten.

Men det är ju just det som är missförståndet. Kroppen säger inte att vi mår dåligt för att vi är trasiga – den säger att vi mår dåligt för att vi tror på alla illusioner som kommer som tankar, och dessutom tror att vi måste hantera, fixa och ändra på allt.

Problemet med att försöka fixa alla tankar bildas på två nivåer.

Du upplever en jobbig tanke, tar den på allvar – och vill sedan göra något åt den. Men sanningen är att det bara är en tanke, inte verkligheten. Det betyder att om du tycker att du behöver göra något åt den, så bekräftar du bara att den är verklig. Och just på det sättet håller du den också vid liv.

Det har tagit tid att se det här. Men varje gång jag har vågat ifrågasätta, vågat titta efter varifrån tanken kommer, har ännu en bit av illusionen tappat sitt grepp.

Det är just det som är så lustigt: Varje gång jag har synat en tanke och försökt få tag på den, har den liksom hoppat vidare till något annat. De gånger jag verkligen hunnit ikapp har jag alltid landat i samma insikt: "Var tusan tog tanken vägen? Varför fanns den ens?" Precis då har det slagit mig om och om igen – just det, det är ju exakt så en illusion fungerar. Den verkar vara, men den är aldrig.

Våga se illusionen i vitögat

Att ifrågasätta sig själv kan kännas som något litet på ytan – en tanke, en fråga, en tvekan. Men jag har märkt att det egentligen är något av det mest kraftfulla vi kan göra. För när vi börjar skaka på det vi alltid tagit för givet, öppnar vi dörren till något större. Vi börjar ana att mycket av det vi trott varit "sanningar" bara är berättelser vi hållit fast vid – berättelser som kanske en gång kändes trygga för att de var bekanta, men som numera blir en begränsning.

Det betyder inte att allt vi trott på är "fel." Det betyder bara att vi inte längre behöver vara fastlåsta vid en enda version av verkligheten. Vi kan börja se med nya ögon, och inse att världen är mycket större och mer levande än vi tidigare förstått.

För mig har det varit en resa av små steg. Varje gång jag har vågat ifrågasätta något – en tanke om mig själv, en berättelse om varför jag mår som jag gör, en idé om hur livet "ska" vara – har något lättat. Det är som att en kedja har brustit, och jag har kunnat ta ett steg närmare den där platsen av frihet som alltid funnits där, men som varit dold bakom alla "måsten" och "borden."

Det vackraste av allt: När vi börjar se igenom illusionerna, blir vi inte bara fria från dem. Vi blir också mer varsamma med oss själva. För vi ser att vi alltid gjort så gott vi kunnat, med den förståelse vi haft i stunden. Det finns inget att skämmas för. Bara en möjlighet att fortsätta upptäcka – och att bli ödmjukare inför våra upplevelser i livet.

Jag tänker ofta på det så här: Vi har kanske bara ett liv, en enda chans i den här formen, och sedan aldrig mer. Om du verkligen visste att det enda du har är den här stunden du upplever just nu – skulle du då lägga energi på allt det småttiga? Skulle du fastna i irritation över att någon inte ställt in en stol, inte torkat bort en kaffefläck, eller inte gjort sitt jobb perfekt? Eller skulle du helt enkelt rätta till det själv, utan att lägga till hat, irritation eller behovet av att veta vem som gjorde "felet"?

Vi behöver inte agera på allt vi tänker. Jag tänker på alla de gånger jag ångrat det jag sagt – hur korkad jag kunde känna mig efteråt. I stundens hetta kändes det ofta rätt att sticka ut taggarna och försvara mig, kanske till och med såra någon tillbaka. Och dessutom håller man problemet vid liv längre genom att skicka över det på någon annan. Men nästan alltid kom ångern senare.

Samtidigt minns jag också alla de gånger jag tackat mig själv för att jag lät känslorna svalna. När jag stod kvar, andades, och insåg att jag inte behövde följa varje impuls. Det var då jag verkligen såg: Vi behöver inte låta en liten irritation förstöra en hel dag eller helg. Vi behöver inte bära med oss smärtan, som om det vore något vi måste hålla fast vid.

Men tänk om det inte handlar om rätt och fel. Tänk om det egentligen bara säger något om vad du tror och tänker om dig själv. "Om jag inte säger ifrån blir jag trampad på." Men är det sant? Eller är det bara ännu en tanke, ännu en illusion?

Du, precis som alla andra, förtjänar kärlek och harmoni. Och det börjar när vi blir ödmjuka inför vår egen upplevelse – när vi ser att vi ibland snabbt vill följa irritationen bara för att den råkar dyka upp först. Samtidigt kan det kännas som att irritationen säger något sant om oss själva: 'Den personen har trampat på din heder, du måste säga ifrån – annars får de rätt.' Men även det är en illusion. För det du är – det vackra och fina du är – kan aldrig tas ifrån dig eller någon annan. Du är inte ett uttryck för vad någon annan tycker och tänker om dig – du är aldrig det någon annan tycker eller tänker om dig. Du är så mycket mer. Och det du är, är oförstörbart. Det kan aldrig förminskas, förvrängas eller gå sönder. Du är den du alltid har varit – livskraften i kroppen, samma livskraft som finns i allt levande. Just den är du.

Vad händer om du ser att ingen egentligen kan trampa på dig – att det enda som får det att kännas så är att du själv tror på tanken om att det är så?

Du är livskraften – inte tankarna

Vi får så ofta höra att vi ska vara starka, hålla ihop, göra rätt för oss. Men ingen funderar på vad det skulle innebära att bara stanna upp och fråga: "Är verkligheten verkligen så här?"

Jag vet hur tryggt det kan kännas att hålla fast vid gamla svar. De kan ge oss en känsla av att vi vet vem vi är och varför vi mår som vi gör. När vi väl har identifierat oss med något länge – en tanke, en berättelse om oss själva – kan det bli så invävt att vi inte längre ser skillnaden. Det känns som att det här är jag. Men sanningen är något annat: Du är inte det du tänker. Du är den som tänker det. Det är där din verkliga kraft finns. Och faktum är att du är just denna kraft – livskraften.

Min inbjudan till dig är enkel: Våga vara nyfiken. Inte för att du ska hitta det "rätta svaret" den här gången heller, utan för att upptäcka att vad som verkligen är sant. Att varje tanke för stunden är en pågående upplevelse som förändras hela tiden.

Vad håller du fast vid just nu som känns självklart? Vad skulle hända om du lät den tanken bara vara?

Vilken frihet skulle kunna vänta bakom det du alltid tagit för givet?

Du behöver inte ha alla svaren. Men nyfikenheten och modet att ställa frågan... det kan förändra allt.

Kom ihåg att: Tankar i sig kan aldrig skada dig. Det är först när vi inte ser skillnaden mellan tanken och vårt agerande utifrån den – när vi tar tanken som en mall för hur vi måste handla – som vi ofta gör val vi senare ångrar. Vi har alla en inre visdom, en stilla kraft som är medfödd och som alltid finns där. Men när vi fastnar i att tänka om våra tankar och tror att allt måste följas för att det känns, då hamnar visdomen i bakgrunden.

Visdomen skriker aldrig. Den viskar. Just därför hör vi den sällan när tivolit är igång.

Mitt enda råd i en sådan stund är detta: Ta det lugnt. Ta ett steg tillbaka. Inget behöver fixas precis nu. Hitta lugnet först – därefter handlar du alltid utifrån den bästa versionen av dig själv.

KAPITEL 7

ATT KÄNNA UTAN ATT DRUNKNA

Våga känna känslor

Vi är skapta för att känna. Glädje, sorg, oro, lycka, ilska, rädsla – hela spektrat av känslor är en del av att vara människa. Ändå har många av oss lärt oss att vissa känslor är "fel." Att de är farliga. Att vi måste göra något åt dem så fort de dyker upp.

Så vi kämpar emot. Vi försöker kontrollera, hantera, dämpa. Vi letar efter knep och metoder för att bli av med det som känns obekvämt. Men ju mer vi kämpar, desto starkare verkar känslorna bli. Det är som att stå i vatten och försöka hålla en badboll under ytan – ju hårdare du trycker, desto mer kraft kommer den upp med när du tappar greppet.

Många av oss lär oss tidigt att hålla tillbaka våra känslor. Det handlar inte om att vi förbjuds att visa dem, utan om en slags oskriven regel: Visa inte för mycket. Gör dig inte för stor. Håll tillbaka för att inte göra andra obekväma. Vi blir skickliga på att läsa av situationer och anpassa oss, ofta utan att vi ens märker det själva. Det kan se ut som hänsyn – och ibland är det verkligen av omtanke – men när vi gör det på bekostnad av oss själva skapas ett inre tryck.

Samtidigt som vi försöker hantera känslorna "snyggt" på utsidan, tar vi dem på fullaste allvar på insidan. Om vi kämpar

för att hålla ihop och trycker ner det som känns, händer något
förr eller senare: Energin hittar en annan väg ut. Vi kanske
exploderar, gör något oväntat, säger något vi inte menade.
Efteråt undrar vi: "Var kom det där ifrån?" Men ofta är det bara
följden av att vi hållit emot för länge.

Men tänk om känslor inte är något vi behöver kämpa mot? Tänk
om de bara är en del av livets flöde – något vi får uppleva fullt ut
utan att drunkna?

Det här kapitlet handlar om att våga känna, utan att fastna. Om
att se känslor för vad de är – kraftfulla, ibland överväldigande,
men aldrig farliga i sig själva. Om att upptäcka en inre stabilitet
som finns kvar, även när stormen viner.

Om känslor bara fick lov att vara

Mycket av det vi lärt oss om känslor handlar om kontroll. Vi har
fått höra att vissa känslor är "negativa" och måste hanteras,
bearbetas eller dämpas. Ilska, sorg, oro, rädsla – känslor som på
något sätt visar att vi inte har det bra, och därför ses som
problem som måste lösas.

Psykologin och samhället har gett oss mängder av metoder för
detta: Vi ska identifiera känslorna, analysera dem, förstå var de
kommer ifrån, och helst hitta strategier för att bli av med dem
eller åtminstone göra dem mer hanterbara. Vi lär oss att känslor
berättar något "viktigt" om oss – kanske något djupt rotat i vår
historia eller något vi ännu inte bearbetat färdigt.

Om vi, med all säkerhet, inte lyckas "kontrollera" känslorna på
egen hand, finns det alltid mediciner och andra yttre hjälpmedel
som kan hjälpa oss att dämpa det som känns för mycket.

På ytan låter det klokt och rimligt. Självklart vill vi inte bli
överväldigade eller styrda av starka känslor. Men det vi sällan

frågar oss är: Vad händer när vi ser känslor som något farligt? Vad händer när vi gör känslor till ett problem som måste lösas?

Det traditionella synsättet skapar ofta mer kamp än frihet. Ju mer vi försöker styra och kontrollera känslorna, desto mer får de makt över oss.

Men vi glömmer ofta bort något grundläggande: Känslor är inte våra fiender. Känslor är till för oss. De är vårt sätt att uppleva livet. Faktum är att vi älskar känslor – när vi ser en film eller läser en bok till exempel, söker vi medvetet efter att bli berörda. Vi gråter, vi skrattar, vi känner spänning, rädsla och ilska – och vi ser det som en naturlig del av upplevelsen.

Men så fort samma känslor dyker upp i vårt "verkliga" liv, vill vi helst slippa dem. Vi sätter etiketter som "jobbiga" eller "negativa" och börjar kämpa emot. Men vad är egentligen skillnaden? Vad är skillnaden på att tårar rinner när du ser en film och när du tänker på något du saknar? Är tårarna då du ser en film inte äkta?

Tårarna berättar dessutom inte att du är ledsen. Tårarna visar bara att du är överväldigad av känslor – oavsett om det är sorg, skratt eller något annat. Det är därför vi kan gråta av glädje lika väl som av saknad. Det kanske inte är nödvändigt att förklara det här just nu, men om du har svårt att gråta – och tror att tårar är ett tecken på svaghet – vill jag att du ska veta: Tårar är bara känslor som rinner över.

Det här är viktigt att se, för annars riskerar vi att feltolka våra känslor som ett problem. Det betyder inte att vi ska skrika så fort vi blir arga eller göra impulsiva saker bara för att vi känner något starkt. Men det betyder att känslan i sig aldrig är farlig. Den behöver inte hållas tillbaka. Den behöver inte stämplas som "dålig." Den får bara vara där – precis som den är.

Det verkligt svåra är inte att vi känner. Det svåra är när vi dömer känslorna, när vi tror att vi bara "får" känna vissa saker och försöker förtränga resten. Men känslor är varken bra eller dåliga. Känslor är. Punkt.

Vi är starkare än tanken

Jag har haft så många stunder i livet där känslorna tagit över fullständigt. Panik, ångest, rädsla, sorg – känslor som känts så stora att det kändes som om jag skulle drunkna. Särskilt under panikångesten var det precis så: Som om luften tog slut och kroppen signalerade att något livshotande pågick. Det kändes omöjligt att tro att det "bara var en känsla." Allt i mig skrek att det var farligt och måste stoppas.

Jag minns särskilt de nätter när ångesten kom krypande och växte sig så stark att jag trodde att jag inte skulle klara mig. Jag försökte hålla ihop, försökte "hantera", kämpa emot och varje gång jag gjorde det blev känslan ännu större och ännu mer skrämmande.

Det var först när jag började se känslorna för vad de egentligen var – ett tillfälligt flöde av upplevelse, inget mer – som något började skifta. Jag insåg att känslor inte kräver åtgärder. De kräver inte alltid en lösning. Ibland vill de bara få passera.

Det betyder inte att det alltid är lätt. Det finns fortfarande stunder när känslorna sköljer över mig med full kraft. Men skillnaden nu är att jag inte längre tror att jag måste göra något åt dem. Jag kan känna hela känslan utan att drunkna. Jag kan stå kvar, även när det blåser som mest.

Och varje gång jag gör det, bekräftar livet en sak för mig: Vi är så mycket starkare än vi tror. Inte för att vi lyckas trycka undan våra känslor, utan för att vi är skapta att kunna känna dem – fullt ut – och ändå stå stadigt kvar.

Det största skiftet för mig kom när jag började förstå vad känslor egentligen är. Inte som en teori – utan som något jag såg med egna ögon, gång på gång. Jag började se att känslor är som vågor: De kommer, de växer sig starka, och förr eller senare drar de sig tillbaka igen. Alltid. Oavsett hur starka de känns i stunden.

Jag minns att jag ofta tänkte: "Men vafan, jag mådde ju bra nyss? Hur kan jag plötsligt må skit igen när omständigheterna är exakt desamma?" Det slog mig hur märkligt det var – och samtidigt hur ofta jag fann mig själv förundrad över den insikten. Det blev ett tidigt tecken på att något annat låg bakom. Att det inte var livet där ute som ständigt skiftade – utan något inuti mig som skapade hela min upplevelse.

Jag insåg också något annat: Känslor är aldrig farliga i sig själva. Det är vår rädsla för känslan som gör den så svår att acceptera. När vi tror att känslan säger något hotfullt om oss – att den betyder att vi är svaga, trasiga, eller att något är fel på riktigt – då börjar vi kämpa emot. Och det är den kampen som skapar lidandet.

Men här är något jag tycker är viktigt att säga: Även när jag började förstå detta, vågade jag inte alltid lita på det. Det lät rimligt, det kändes logiskt – men när känslorna var som starkast, var det nästan omöjligt att ta steget fullt ut. Jag tänkte: "Tänk om jag bara struntar i känslan. Det kan jag väl inte göra? Tänk vad som skulle kunna hända då! Jag måste ju ta ansvar när jag känner så här." Och ironiskt nog kom den tanken nästan alltid från en plats av ilska, rädsla eller känslan av att ha blivit förminskad. Det kändes som om min heder stod på spel.

Det var så svårt att tro på att det kunde vara så enkelt – att känslorna faktiskt kunde få sköta sig själva. Jag hade svårt att se det, för jag gjorde det enkla så komplicerat. Numera tänker jag ofta: "Är det verkligen svårt? Eller är det vi som gör det svårt av det enkla – och därmed missar hur enkelt det faktiskt är?"

Det här perspektivet har förändrat allt för mig. Idag vet jag att det inte är ett tecken på svaghet att känna mycket – det är ett tecken på att jag är levande. Och varje gång jag vågar möta en känsla utan att fly eller kämpa emot, upptäcker jag samma sak: Känslan passerar. Jag klarar det. Inte för att jag är en supermänniska, utan för att vi alla är byggda så. Vi är skapta för att kunna känna – utan att drunkna. Vi behöver bara lita på vår inre visdom och våga ta första steget att släppa. Det är när vi släpper taget och slutar spänna emot som vi istället flyter med upplevelsen. Just precis som att flyta i en sjö – när vi spänner oss sjunker vi och när vi slappnar av så flyter vi.

Känslor är utom din kontroll

Det är lätt att tro att vi måste skydda oss från våra känslor. Att vissa känslor är "för mycket" och måste hållas tillbaka eller hanteras med alla medel vi kan hitta. Det kan även vara lätt att tro att vi måste dölja dem för andra för annars kan de skada en själv ännu mer. Men det enda som detta leder till är att du förringar dem för dig själv. Om du istället tittar närmare, kanske du börjar se att känslor inte är där för att skada dig – de är där för att låta dig uppleva livet.

Det betyder inte att känslor alltid är bekväma. Vissa kan kännas så starka att vi tror vi ska gå under. Men hur många gånger har du inte redan känt så... och ändå står du här idag? Hur många gånger har du trott att du skulle gå sönder, men ändå fortsatt?

Vad skulle hända om du slutade kämpa emot känslan och istället bara lät den finnas där? Hur skulle det kännas att veta att du inte behöver göra något åt den – att den får komma och gå som en våg utan att dra ner dig?

Tänk om din styrka inte sitter i att hålla ihop eller trycka undan
– utan i att våga vara öppen, även när det känns skört. Tänk om
det är just där, mitt i stormen, som du upptäcker hur stark du
verkligen är.

Vad har dina känslor försökt visa dig, som du kanske har missat
för att du kämpat så hårt emot?

Och om du för en stund kunde lita på att du redan har allt du
behöver för att stå stadigt – vad skulle förändras då?

KAPITEL 8

INIFRÅN OCH UT – DEN AVGÖRANDE SKILLNADEN

"You're sitting in the middle of mental health, but you don't know it."
— Sydney Banks

Det vi har missförstått

Vi kan prata om psykisk hälsa och ohälsa på många sätt, men det finns en grundläggande sanning som ofta glöms bort – och det är den här:

Upplevelsen skapas för att vi är vid liv. Utan liv, ingen upplevelse.

Genom historien har många försökt beskriva hur vi upplever livet, men för mig blev den tydligare genom orden från en man vid namn Sydney Banks. Det här kapitlet bygger inte på honom som person, utan på den riktning han pekade mot – en riktning tillbaka till något vi alla redan bär inom oss. Det låter självklart, men det är helt avgörande att förstå. Om vi inte har liv, kan vi inte uppleva någonting alls.

Det första som behövs är alltså liv. Därefter har vi medvetandet – och det är i medvetandet som allt blir verkligt för oss. Det är där alla upplevelser spelas upp, precis som på en scen eller en skärm. Utan medvetande: Inget upplevt liv.

Sen kommer tankarna. Tankarna dyker upp tillsammans med känslor, och de spelas upp i medvetandet. Det är tack vare dem vi upplever något alls. Alla våra sinnesintryck – syn, hörsel, känsel, smak och lukt – tolkas och levandegörs av tanken i medvetandet. Utan tanke, ingen upplevelse.

Så här ser grundordningen ut:

1   ☐ Livet ger oss möjligheten att uppleva.

2   ☐ Medvetandet gör upplevelsen verklig för oss.

3   ☐ Tankarna ger upplevelsen sin form och färg.

Men det som ofta händer är att psykologin vänder på allt detta.

Inom psykologin säger man att våra upplevelser skapas i hjärnan. Att det är hjärnan som tänker, känner och styr vårt mående. Man utgår från att hjärnan är källan till allt vi upplever – och därför letar man orsaker både utifrån (miljö, uppväxt, grupptryck) och inifrån (hur "trasig" hjärnan eller kemin är).

Psykologin har också upptäckt att vissa kemiska ämnen verkar vara kopplade till vårt mående. Serotonin och dopamin nämns ofta som exempel – och därför har man dragit slutsatsen: "När någon mår dåligt är serotoninnivån låg. Därför måste vi fylla på det med medicin."

Och ja – när det gäller många fysiska sjukdomar fungerar medicin så: Man tar ett läkemedel som tillför något kroppen behöver för att komma i balans. Det är helt logiskt när det handlar om t.ex. brist på vitaminer eller insulin.

Men här begår vi ett stort misstag: Vi tror att samma logik gäller för vårt psykiska mående.

Vi ser att droger och mediciner påverkar sinnena och upplevelsen – och därför tänker vi att allt som känns jobbigt också måste bero på något fysiskt. Och då blir lösningen: Tablett först, upplevelse sen.

Men här har vi missförstått något avgörande.

Det är inte så att du mår dåligt för att du har en obalans i hjärnan. Tvärtom: Du mår först dåligt – och därefter sker förändringar i kroppen och hjärnan.

Det börjar alltid med en tanke.

Tanken skapar känslan.

Och känslan påverkar kemin i kroppen.

Aldrig tvärtom.

För att visa hur fundamentalt det här är brukar jag ge ett enkelt exempel med en lampa. Vi säger att en lampa lyser. Det verkar självklart – men varför lyser den? Jo, för att där finns ström. Om lampan slutar lysa kan det bero på att lampan är trasig. Men även om lampan är trasig finns fortfarande strömmen där – strömmen är grunden.

Ett annat exempel: Om jag berättar för en läkare att min farfar har ett sår på armen som inte läker, kommer läkaren börja analysera: Vad kan vara felet? Men allt faller på plats när jag säger att min farfar dog år 1991. Plötsligt är allt självklart: Det spelar ingen roll vilket sår han har, för utan liv händer ingenting. Livet är totalt avgörande.

På ytan kanske det inte verkar spela någon roll vilken ände vi tittar ifrån – men när vi pratar om det psykiska får det förödande konsekvenser om vi tror att problemet sitter i hjärnan. Då hamnar vi i ett tankesätt där vi letar efter lösningar som bara adresserar symptomen – och missar vad som faktiskt pågår.

Det är därför det aldrig tar slut. Nya teorier, nya behandlingar, nya diagnoser – men grunden ifrågasätts aldrig. Man utgår redan från att felet ligger i dig.

Och det kanske mest ironiska av allt? Att vi kallar det här fältet psykologi – läran om själen – när nästan all fokus ligger på hjärnan, den fysiska fettklumpen i huvudet.

Det man inte vet har man inte ont av

När jag började förstå vad som faktiskt händer i oss, skiftade allt. Den största skillnaden var kanske att jag insåg: Vi har alltid tittat åt fel håll.

Vi har lärt oss att tro att våra känslor, tankar och upplevelser kommer utifrån – att det är världen, andra människor eller vår barndom som "gör" något med oss. Att det är kemiska obalanser som orsakar våra problem, och att lösningen därför också måste komma utifrån: Medicin. Terapi. Tekniker.

Men jag började se att det egentligen aldrig har varit så.

Det är inte världen där ute som skapar vår upplevelse. Samtidigt är medvetandet inte en konsekvens av hjärnan. Det som sker är mycket djupare – och samtidigt mycket enklare.

Vi lever. Vi har ett medvetande som gör våra tankar verkliga för oss. Och tack vare det upplever vi livet, stund för stund.

Allt vi känner – oro, ångest, glädje, hopp – skapas inifrån vårt eget system. Inte för att vi är trasiga eller sjuka, utan för att vi är vid liv.

Det här var så enkelt att jag först knappt kunde tro det. Jag ville nästan hitta något som motsade det, något som bekräftade att "nä men vissa saker MÅSTE väl ändå komma utifrån?" Men gång på gång såg jag samma sak: Varje upplevelse jag hade började med en tanke. Och varje gång jag fastnade i att försöka lösa något utanför mig själv, körde jag fast.

Det är en avgörande skillnad:

→ Att tro att våra upplevelser skapas utifrån och in – vilket leder till kamp, metoder, kontroll.

→ Eller att se att allt skapas inifrån och ut – vilket leder till lättnad och frihet.

Men det bästa är att du inte behöver tro på mina ord. Du kan se det själv. Lägg märke till vad som händer nästa gång du känner oro eller rädsla. Vad händer om du stannar upp och ser att känslan kommer från dina tankar just i den stunden – och inte från situationen? Vad händer om du låter den vara där utan att kämpa emot?

Ett tydligt exempel för mig var en händelse med min flickvän. Hon blev hånad av en annan person, och jag blev fruktansvärt arg – medan hon gick helt oberörd därifrån. Jag visste att hon, som kommer från Japan, inte är van vid ironi på samma sätt som vi i Europa och därför ofta tar saker väldigt konkret. I det här fallet förstod hon inte att hon ens hade blivit hånad.

Jag däremot... jag var vansinnig inombords, men sa inget. Efteråt frågade jag henne om hon hade tagit åt sig, och hon svarade bara lugnt att hon inte ens uppfattat det som ett hån. Själv fortsatte jag att grubbla hela dagen och även dagen därpå.

Och så – helt plötsligt, när jag satt i lugn och ro och inte längre tänkte aktivt på det – kom insikten som en viskning:

"Hånet ligger inte i den andra personen. Min flickvän kan inte känna hån eftersom känslan alltid skapas inifrån. Om hon inte känner sig hånad – då finns det inget hån."

BOOM.

Det slog ner som en blixt inom mig. Det var som att kedjor brast – inte kring min flickvän, utan kring mig själv. Jag kände mig fri. Jag kunde se hur detta tankemönster hade hängt med mig hela livet – och hur allt detta kunde lösas upp på ett ögonblick. Det var som att jag hade spänt en muskel i årtionden, och plötsligt släppte det. Smärtan var borta, och jag var fri.

Och när vi ser att upplevelsen alltid kommer inifrån – på riktigt – förändras allt.

Du kan inte uppleva det du inte tänker

Jag vill uppmana dig som läser detta att titta på något som en gång var väldigt betydelsefullt för ditt mående – något som kanske höll dig vaken om nätterna, något som gjorde dig rädd eller ledsen – men som inte längre stör dig idag. Inte för att du ska återuppleva det hemska, utan för att du ska kunna fråga dig själv: Vad hände egentligen? Vart tog det vägen?

Vi brukar säga att tiden läker alla sår. Och ja – det stämmer när det gäller kroppen. Men när det gäller våra psykiska "sår" är det något annat som sker. Psykiska sår kan bara kännas när vi tänker på dem – när vi upplever dem i stunden. Annars... finns de inte.

Och då kanske man kan fråga sig: Ska vi verkligen sitta och älta det förflutna hos en terapeut – är det verkligen en väg till läkning?

Det påminner mig om vad en god vän sa en gång: "Att ta upp något gammalt är ungefär som att slänga soporna på fredagen, och sen hämta tillbaka dem efter helgen."

Föreställ dig tankar som du aldrig tänker – tankar som kanske aldrig ens kommer att dyka upp för dig. Hur skulle du kunna uppleva dem om du inte vet vilka de är? Du måste tänka dem för att kunna känna dem.

Och det leder mig till provocerande frågor:

Kan du uppleva något du inte tänker?

Kan du påverkas av något du inte känner?

Kan du smaka något du inte smakar?

Kan du lukta något du inte luktar?

Nej. Du kan aldrig uppleva något utanför dig själv. Och du kan aldrig uppleva något som du inte tänker.

Så vad betyder det för allt vi kallar "undermedvetet"? Kan något påverka dig utan att du är medveten om det? Jag skulle säga nej. Så fort du börjar prata om något som styr "omedvetet" – ja, då tänker du på det. Då är du redan där, i det medvetna.

Vissa säger: "Men vi andas omedvetet!" Och ja – vi tänker inte på andningen hela tiden. Men det har ingenting med ditt tänkande att göra. Det är kroppen som gör det – för att den lever. Jag lovar dig: Om du inte är vid liv, så andas du inte heller.

Men där behöver du kanske inte kolla efter – för då blir det svårt att upptäcka någonting alls.

KAPITEL 9

Vem skulle du vara utan dina tankar?

Bortom tankarna

Vi tänker hela tiden. Det går nästan inte att föreställa sig en vaken stund utan någon form av tanke. Tankarna berättar för oss vem vi är, vad vi borde göra, vad vi borde känna, vad vi borde ha gjort annorlunda.

Vi tänker så mycket att vi börjar tro att vi är våra tankar. Att de på något sätt definierar oss. Vem skulle jag vara utan mina tankar? Den frågan kan kännas skrämmande, nästan som att "om jag inte är det jag tänker om mig, vem är jag då?"

Men tänk på det här: Varje gång du har känt dig lycklig, närvarande och helt uppfylld av livet – har du någonsin tänkt på hur lycklig du är i stunden? Eller har det snarare varit så att tankarna har stillnat och du bara har varit där – mitt i upplevelsen?

Vi pratar mycket om självbild och självkänsla, men vad händer om vi skalar bort allt det? Vad finns kvar när tankarna tystnar? Vem är du då?

Det här kapitlet handlar inte om att ta bort tankarna – för de är en del av livet. Det handlar om att upptäcka något djupare än tankarna. En plats där du redan är hel, även när tankarna snurrar.

Min inbjudan är enkel: Våga utforska vem du är bortom berättelsen om dig själv. För du kanske kommer upptäcka något du aldrig sett förut.

Det traditionella synsättet

Vi har lärt oss att våra tankar berättar sanningen om oss. Att vår identitet, självkänsla och självbild formas av vad vi tänker om oss själva – och att om vi har negativa tankar, måste vi jobba på att tänka mer positivt.

Vi pratar om att "bygga självkänsla" genom att affirmera våra styrkor, skriva tacksamhetsdagbok, fokusera på det positiva. Det verkar logiskt: Om tankarna är negativa, måste vi byta ut dem mot bättre tankar.

Men det här sättet att se på tankar gör oss fast i ett evigt jobbande. För tankarna slutar aldrig komma. En ny tanke dyker alltid upp, och vi måste ständigt försöka sortera, analysera, förändra.

Det är som att försöka få undan alla snöflingorna i en snöglob för att kunna se ut genom glaset – men det blir aldrig klarare, hur mycket du än viftar. Tvärtom – du virvlar bara upp fler flingor, som gör det ännu svårare att se ut.

Tankarna skymmer sikten

Så vi tänker hela tiden. Tankarna snurrar, berättar för oss vem vi är, vad vi borde känna, vad vi borde göra. Men vad händer om vi inte håller fast vid dem? Vad händer om vi låter dem komma och gå – utan att tro att de definierar oss?

Jag minns en period när jag blev arbetslös. Då kände jag mig... värdelös. Jag hade ingen titel, inget jobb, ingen plats i gruppen som 'gjorde rätt för sig.' Först försökte jag skoja bort det – tänkte: 'Okej, ni går till jobbet, jag sitter på balkongen och solar med en kopp kaffe.' Men när solen gick ner och ensamheten smög sig på, kände jag hur tomt det var. Jag saknade kollegorna, gemenskapen, tillhörigheten.

En annan gång, när jag stod utan jobb, kände jag istället ett enormt driv. Jag sökte över 100 jobb på en helg och var helt övertygad: "Jobb? Inga problem. Jag fixar detta." Och mycket riktigt – jag gick på intervju och fick ett jobb.

Skulle jag analysera de här två scenarierna med traditionella glasögon, hade jag kunnat säga: "Se! Det var min positiva inställning som gjorde skillnaden." Men... det är inte hela sanningen.

Det handlar inte om att tänka rätt eller ha en särskild mental inställning. Det kan verka så när vi tittar på ytan, men när jag verkligen började se vad som pågick märkte jag: Det handlar inte om tankarna alls. I slutändan handlar det om vad vi gör.

Och här är den där pusselbiten som förändrade allt för mig: Det är inte att du ska tänka rätt eller kämpa dig till en viss plats i sinnet. Det är enkelt när du redan är där – men du kan aldrig tänka dig dit. För det är inte en plats att komma till. Det är en plats att komma från.

För att förtydliga: Om platsen du ska komma till är lugn och sansad – hur skulle en ansträngning kunna ta dig dit? Det är ju först när du släpper som du landar i det, eller hur?

Och sanningen är att den platsen – den finns alltid där. Det är inte så att du behöver leta upp den eller kämpa dig fram till den. Du är redan där. Problemet är bara att när tankarna ligger som en tät dimma framför dig, ser du inte var du står. Då känns det som om du är vilse. Som om du måste hitta hem.

Men varje gång dimman skingras, ser du plötsligt klart igen. Och vad upptäcker du då? Jo – "Men vänta... jag har ju varit hemma hela tiden." Det är då du är glad att du inte rusat iväg efter tankarna och gjort allt som de skrek åt dig att göra.

För platsen du söker finns inte där ute. Den har alltid funnits precis här – precis inom dig.

Bortom det tänkta är du fri

Det kan kännas självklart att vi är våra tankar. Vi tänker på oss själva, vi formar våra berättelser, och vi drar slutsatser om vem vi är och vad vi är värda. Tankarna blir som ett fönster vi ser hela livet genom.

Men tänk om det bara är en illusion?

Tänk om du redan är något större – något djupare – än vad du någonsin kan tänka dig fram till?

Jag vet att det kan kännas läskigt att ens ställa frågan: Vem är jag om jag inte är mina tankar? Det kan kännas som att förlora sig själv. Men jag vill bjuda in dig att se det på ett annat sätt: Som en chans att återupptäcka den du alltid har varit, under allt tänkande. För bakom alla tankar finns något som aldrig förändras. Något som är du, på riktigt.

Så min fråga till dig är:

Om du för en stund släpper taget om alla berättelser om dig själv – alla dina titlar, alla dina prestationer, alla dina misslyckanden – vad finns kvar då?

Vem är du, precis här och nu, när du inte tänker på dig själv?

Och om du verkligen var fri från alla de tankar som säger vad du
är och inte är...

Hur skulle ditt liv se ut då?

KAPITEL 10

Ett liv i nuet

"Jag har det för jävla bra. Just nu."

– Ernst Hugo Järegård

Enkelt men inte lätt

Vi hör det hela tiden: "Lev i nuet." Det är nästan som en modern klyscha. Vi ska närvara mer, vara mindful, ta in stunden. Det låter så klokt. Så enkelt. Men ändå verkar det vara en av de svåraste sakerna för oss människor att faktiskt göra.

Samtidigt är det ironiskt: För var annars skulle vi kunna leva? Nuet är ju det enda som faktiskt finns. Det spelar ingen roll om du grubblar över igår eller oroar dig för imorgon – det händer alltid här och nu. Alltid.

Men vi är mästare på att fly. Vi försvinner in i tankar om framtiden eller fastnar i gamla minnen. Vi tror kanske att vi måste träna oss på att vara i nuet, som om det vore något långt borta vi ska sträva efter att nå. Det skapas hela industrier kring att "hitta närvaron" – meditation, appar, retreats. Men tänk om nuet aldrig har varit borta? Tänk om det enda som egentligen krävs är att sluta springa ifrån det som redan är här?

Det här kapitlet handlar om just det. Om det enklaste – och svåraste – vi kan upptäcka: Att vi redan lever i nuet. Och att det, när vi ser det på riktigt, förändrar allt.

Jakten på nuet – en ständig prestation

När vi pratar om att leva i nuet idag handlar det ofta om tekniker. Vi lär oss att vi måste öva på att vara närvarande. Vi får råd om att meditera, fokusera på andetaget, hålla oss medvetna om våra sinnesintryck. Mindfulness har blivit ett helt koncept – något vi nästan ska prestera för att nå.

Budskapet är tydligt: Du saknar något. Du är inte komplett som du är. Det är som om vi föddes till fåglar – men att vi behöver läsa en bok om hur vingar fungerar. Det finns alltid något mer du behöver lägga till för att bli "hel". Någon ny metod, någon ny insikt, någon ny teknik.

Det är som att evolutionen gjorde ett fatalt misstag: Vi är här, visst, men uppenbarligen gick det snett med klumpen i huvudet. Vi blev till människor men missade den viktigaste biten – förmågan att vara närvarande. Så vi köper berättelsen om att vi hela tiden måste sträva efter att bli bättre, komma någonstans, hitta den där platsen där vi äntligen är rätt. Men den platsen kommer aldrig riktigt – för vi tittar åt fel håll.

Istället för att enkelt bara fråga varför jag tror något saknas ställs frågan alltid på ett sätt som antyder att något är fel. Något vi måste fixa. Något vi måste bli.

Och ja – det blir snabbt en hopplös jakt.

Närvaro kommer naturligt

Jag har alltid tänkt att trygghet är något man skapar. Ett hem, en låst dörr, gardinerna nerdragna – ett skydd mot världen där ute. Jag har också trott att lugn och närvaro är något jag måste uppnå genom att göra rätt saker: Meditera, andas djupt, tänka rätt tankar. Men ju mer jag har tittat på mitt eget liv, desto mer har jag sett något annat.

Jag minns en gång när jag satt i bilen och körde genom stan. Det var en varm sommardag, och jag la märke till några ringduvor som satt på rad längst upp på lyktstolparna. De satt där, helt stilla, med ögonen slutna och puffade upp sig i solen. Totalt närvarande. Totalt avslappnade. Jag tänkte: Här sitter de, utan någon som helst garanti för sin säkerhet. Hot kan dyka upp när som helst – en rovfågel, ett högt ljud, människor. De kan inte stänga in sig någonstans, inte gömma sig bakom en låst dörr och beställa hem allt från nätet för att slippa möta världen. Ändå sitter de där. Helt lugna. Helt i nuet.

Och jag började undra: Är det för att de är för dumma för att fatta? Eller är det jag som har missförstått något grundläggande?

För här sitter jag, ofta instängd i mitt eget lilla rum, dörren låst, persiennerna nedrullade – och ändå kan jag känna oro, rädsla, stress. Hur är det möjligt att ha all denna "intelligens" och ändå inte kunna vila i det som redan är här?

Det slog mig också hur naturligt närvaron kommer när jag inte gör något särskilt för att fånga den. De där stunderna av enkelhet – när jag bara är, utan krav eller planer – då behövs inget extra. Jag tänker på alla gånger jag sagt till kollegor att jag ska vara ledig, och de undrat: "Vad ska du göra på din ledighet?" Mitt svar har nästan alltid varit: "Inget särskilt." För det är just där jag trivs som bäst – när jag inte har några måsten. När livet får vara enkelt. Och ironiskt nog är det just då jag upplever den djupaste närvaron och hittar på mängder av saker att göra.

Det har blivit så tydligt för mig: Det är inte måstena som får mig att spänna mig. Det är tankarna om måstena. Det är inte världen där ute som skapar min oro. Det är mitt eget tänkande om den. Och det är en enorm skillnad.

Och det mest ironiska av allt? När jag inte pressar mig själv, när jag inte försöker vara närvarande eller göra rätt – det är då saker faktiskt händer. Det är då jag får lust att skriva den här boken. Det är då jag spelar in ett nytt poddavsnitt. Det är då idéerna bara dyker upp, naturligt och lätt. När jag släpper taget om allt jag tror att jag måste – då flödar livet helt av sig självt.

Du är alltid där du är

Det som verkligen vände på allt för mig var insikten att nuet aldrig har varit någon annanstans. Det låter kanske löjligt enkelt, men det är just det som är grejen – det är enkelt. Det enda som någonsin händer, händer här och nu. Allt annat är tankar om då eller sen.

Jag började se att när jag oroade mig för framtiden, eller ältade det förflutna, så var det egentligen inte framtiden eller det förflutna som störde mig – det var tankarna jag hade just nu om det. Allt jag upplever sker i samma stund: Den här. Det finns ingen annan stund än nu.

Och det är här den största lättnaden kom: Jag behöver inte kämpa för att vara närvarande. Jag är redan här. Det går inte att vara någon annanstans än precis där man är. Det som ibland känns som att "tappa nuet" är egentligen bara att vi fastnar i tankar – men även det händer i nuet. Vi har egentligen aldrig lämnat det.

Det förändrade min syn totalt. Plötsligt blev det tydligt varför jag kunde känna rädsla trots att jag satt i ett låst rum. Det var inte världen där ute som skrämde mig. Det var tankarna som pågick här inne. Och tankar kommer och går av sig själva – precis som vädret skiftar utan att vi behöver göra något för att styra det.

Jag började också lägga märke till hur livet fick ett helt annat flöde när jag slutade försöka "styra upp" nuet. De stunder när jag gjorde mest, skapade mest, var alltid de stunder när jag inte hade några måsten eller krav – utan bara följde det som dök upp naturligt. Det blev så tydligt att livet sköter sig själv när vi slutar kladda så mycket i det.

När vi ser att nuet alltid är här, och att vi redan lever mitt i det, händer något underbart: Vi kan slappna av. På riktigt. Och plötsligt känns livet mycket lättare än vi någonsin trodde.

Från mitt hjärta

Vad är det egentligen vi letar efter när vi säger att vi vill leva i nuet? Tror vi att vi ska hitta en perfekt stund, fri från alla tankar och känslor? En plats där livet alltid känns lätt och okomplicerat?

Tänk om nuet redan är här, oavsett hur det känns? Tänk om närvaro inte handlar om att uppnå ett särskilt tillstånd – utan bara om att se det som redan är?

Hur ofta försöker vi fixa till nuet för att det ska kännas bättre? Hur ofta tror vi att vi måste tänka rätt eller känna på ett visst sätt för att kunna vara riktigt närvarande?

Jag vill bara ställa en enkel fråga till dig: Om du inte behövde göra någonting alls för att vara här och nu – hur skulle det förändra ditt sätt att se på livet?

Tänk om du redan är hemma, precis där du är.

Ta bara två minuter och sitt. Bara sitt och gör ingenting. Se vad som händer.

SLUTORD

Innan du lägger undan den här boken vill jag säga något som jag tycker är viktigt: Ingenting av det jag har skrivit här är tänkt att förringa dina känslor eller din upplevelse. Tvärtom. Min avsikt har aldrig varit att provocera för provocerandets skull, utan att peka på en annan möjlighet – ett sätt att se som kan förändra hela din syn på livet.

Det jag har försökt visa är hur vi människor fungerar på ett djupare plan. Hur vi, oavsett om vi har mått dåligt en kort stund eller i decennier, alltid bär en frisk kärna inom oss. Och hur en enda insikt kan förändra allt – på samma sätt som ett ljus omedelbart fyller ett mörkt rum med ljus, oavsett hur länge rummet varit mörkt.

Den här boken är inte betydelsefull för att jag har skrivit den. Den är inte betydelsefull för orden som står i den. Det enda som egentligen betyder något är de insikter du får – oavsett om de dyker upp när du läser den här boken eller någon annanstans. För insikterna kommer alltid inifrån dig själv. Det är inte boken som ger dig insikter – utan att du ser det som alltid varit sant.

Boken har bara haft ett syfte: Att peka på den plats där du kan titta. Men den platsen du söker finns redan inom dig. Den kan ingen bok ge dig. Den finns där, oavsett vad du gör eller inte gör. Jag vet att du kan hitta den. Jag och många andra har gjort det. Och nu är det din tur.

Så – om det är något jag vill lämna dig med så är det detta: Du behöver inte göra något särskilt. Inte kontrollera dina tankar. Inte kämpa för att må bra. Bara se. Bara förstå. Och låt dig flyta med, som ett löv på en sjö.

Med all kärlek från mig, Joakim Rasmussen.

TACK

Jag vill rikta ett varmt tack till några som, utan att kanske själva veta det, har pekat mig i den riktning som förändrade mitt liv.

Till Sydney Banks, vars enkla ord har visat mig något som alltid varit sant.

Till Tomas och Dennis Podcast, som genom sina samtal både i podcast och i verkliga livet blev min första väg in i den här förståelsen.

Och till den unga kvinnan, min kollega på särskolan, som en gång tipsade mig om podden – utan dig hade jag kanske aldrig lyssnat, aldrig upptäckt, aldrig börjat se.

Tack till er. Tack för att ni pekade. Tack för att ni fanns där, just då, just så.

FSC
www.fsc.org
MIX
Papper från
ansvarsfulla källor
Paper from
responsible sources
FSC® C105338